鄭石岩作品集

大眾心理館

禪學與生活

10

國家圖書館出版品預行編目（CIP）資料

清涼心 菩提行：善用佛家清醒的智慧，創造圓滿豐足的人生／鄭石岩著 . -- 三版 . -- 臺北市：遠流 , 2012.09
面；　公分 . --（大眾心理館）（鄭石岩作品集 . 禪學與生活；10）

ISBN 978-957-32-7037-9（平裝）

1. 佛教教化法

225　　101015499

大眾心理館
鄭石岩作品集・禪學與生活 10

清涼心 菩提行

善用佛家清醒的智慧，創造圓滿豐足的人生

作者：鄭石岩
執行主編：林淑慎
特約編輯：趙曼如
發行人：王榮文
出版發行：遠流出版事業股份有限公司
100 台北市南昌路二段 81 號 6 樓
郵撥：0189456-1　電話：2392-6899　傳真：2392-6658
法律顧問：董安丹律師
著作權顧問：蕭雄淋律師
□ 2012 年 9 月 1 日　二版一刷
行政院新聞局局版台業字第 1295 號
售價新台幣 240 元（缺頁或破損的書，請寄回更換）

ISBN 978-957-32-7037-9

遠流博識網
http://www.ylib.com
E-mail: ylib@ylib.com

大眾心理館・鄭石岩作品集・禪學與生活10

鄭石岩 著

清涼心 菩提行

善用佛家清醒的智慧，創造圓滿豐足的人生

總序

我的創作歷程

鄭石岩

寫作是我生涯中的一個枝椏，隨緣長出的根芽，卻開出許多花朵，結成一串累累的果子。

我寫作的著眼點，是想透過理論與實務的結合，來闡釋現代人生活適應之道，提倡正確的教育觀念和方法，幫助每個人心智成長。透過東西文化的融合，尋找美好人生的線索。我細心的觀察、體驗和研究，繼而流露於筆端，寫出這些作品。書中有隨緣觀察的心得，有實務經驗的發現，有理論的引用，也有對現實生活的回應。在忙碌的工作和生活中，我採取細水長流，每天做一點，積少成多。

從第一本作品出版到現在，已經寫了四十幾本書。這些書都與禪佛學、教育、親職、心靈、諮商與輔導有關。寫作題材從艱深的禪學、唯識及心靈課題，到日常生活的調適和心智成長，都保持深入淺出、人人能懂的風格。艱澀冗長的理論不易被理解，特化作活潑實用的知識，使讀者在閱讀時，容易共鳴、領會、受用。因此，這些書都有不錯的評價和讀者的喜愛。

每當演講或學術討論會後，或在機場、車站等公共場所時，總是有讀者朋友向我招呼，表達受惠於這些著作。他們告訴我「你的書陪伴我度過人生最困難的歲月」，或說「我是讀你的書長大茁壯的」。身為一個作者，最大的感動和安慰，就在這些真誠的回應上：歡喜看到這些書在國內外及中國大陸，對現代人心靈生活的提升，發揮了影響力。

多年來持續寫作的心願，是為研究、發現及傳遞現代人生活與工作適應的知識和智慧。所以當遠流規劃在【大眾心理館】裡開闢【鄭石岩作品集】，期望能更有效服務讀者的需要，並囑我寫序時，心中真有無比的喜悦。

我在三十九歲之前，從來沒有想過要筆耕寫作。除了學術論文發表之外，沒想過要從事創作。一九八三年的一場登山意外，不慎跌落山谷，脊椎嚴重受創，下半身麻痺，面臨殘障不良於行的危機。那時病假治傷，不能上班，不多久，情緒掉到谷底，憂鬱沮喪化作滿面愁容。

秀真一直非常耐心地陪伴我，聽我傾訴憂慮和不安。有一天傍晚，她以佛門同修的立場警惕我說：「先生！你學的是心理諮商，從小就修持佛法；你懂得如何助人，也常常在各地演講。現在自己碰到難題，卻用不出來。看來你能講給別人聽，自己卻不受用。」

我聽完她的警語，心中有些慚愧，也有些省悟。我默然沉思良久。我知道必須接納現實，去面對眼前的困境。當晚九時許，我對秀真說：「我已了然於心，即使未來不良於行，也要坐在輪椅上，繼續我的教育和弘化工作，活得開心、活得有意義才行。」

她好奇的問道：「那就太好了！你準備怎麼做呢？」

我堅定的回答：「我決心寫作，就從現在開始。請你為我取參閱的書籍，準備需要的紙筆，以及一塊家裡現成的棋盤作墊板。」

當天短短的對話，卻從無助絕望的困境，看到新的意義和希望。我期許自己，把東方的禪佛學和西方的心理學結合起來，變成生活的智慧；鼓勵自己，把學過的理論和累積的實務經驗融合在一起，成為活潑實用的生活新知，分享給廣大的讀者。

邊研究邊寫作，邊修持邊療傷，健康慢慢有了轉機，能回復上班工作。歷經兩年的煎熬，傷勢大部分康復，寫作卻成為業餘的愛好。從一九八五年出版第一本書開始，所有著作都經秀真校對，並給予許多建議和指教。有她的支持，一起分享作品的內容，而使寫作變得更有趣。

住院治療期間，老友王榮文先生，遠流出版公司的董事長，到醫院探視。我送給他一本佛學的演講稿，本意是希望他也能學佛，沒想到過了幾天，他卻到醫院告訴我：「我要出版這本書。」

我驚訝地說：「那是佛學講義，你把講義當書來出，屆時賣不出去，你會虧本的。這樣我心不安，不行的。」

他說：「那麼就請你把它寫成大家喜歡讀的書，反正我要出版。」

就這樣允諾稿約，經過修改增補，《清心與自在》於焉出版，而且很快暢銷起來。因為那是第一本融合佛學與心理學的創作，受到好評殊多。爾後的每一本書，都針對一個現實的主題，紮根在心理、佛學和教育的學術領域，活化應用於現實生活。

禪佛學自一九八五年開始，在學術界和企業界，逐漸蔚成風氣，形成管理心理學的一部分，企業界更提倡禪式管理、禪的個人修持，都與這一系列的書籍出版有關。

後來我將關注焦點轉移到教育和親職，相關作品提醒為師為親者應注意到心理健康、學生輔導、情緒教育等，對教育界也產生廣泛的影響。教師的愛被視為是一種能力，親職技巧受到更多重視，我的書符合了大家的需要，並受到肯定，例如《覺．教導的智慧》一書就獲頒行政院新聞局金鼎獎。

在實務工作中，我發現心靈成長和勵志的知識，對每一個人都非常重要。於是我著手寫了好幾本這方面的作品，許多家長把這些書帶進家庭，促進親子間的和諧，並幫助年輕人心智成長；許多大學生和初踏進社會的新鮮人，都是這些書的讀者。許多民間團體和讀書會，也推薦閱讀這些作品。

唯識學是佛學中的心理學，我發現它是華人社會中很好的諮商心理學。不過原典艱澀難懂，於是我著手整理和解釋，融會心理學的知識，變成一套唯識心理學系列。此外，禪與諮商輔導亦有密切的關係，我把它整理為禪式諮商，兼具理論基礎和實用價值，對於現代人的憂鬱、焦慮和暴力，有良好的對治效果。目前禪與唯識，在心理諮商與輔導的應用面，不只台灣和大陸在蓬勃發展，全世界華人社會也用得普遍。每年我要在國內外，作許多場次的研習和演講，正是這個趨勢的寫照。

二十年來我在寫作上的靈感和素材源源不絕，是因為關心現代人生活的適應問題和心理健康。我從事心理諮商的研究和實務工作超過三十年，個案從兒童青少年到青壯年及老年都有；類別包括心理調適、生涯、婚姻諮商等，我也參與臨終諮商及安寧病房的推動工作。對於人類心靈生活的興趣，源自個人的關心；當我晤談的個案越多，對心理和心靈的調適，領會也越深。

我的生涯歷練相當豐富。年少時家境窮困，為了謀生而打工務農，當過建築工、水果販、小批發商、大批發商。經濟能力稍好，才有機會念大學。後來我當過中學老師，在大學任教多年，擔任過簡任公務員，也負責主管全國各級學校訓輔工作多年，實務上有許多的磨練。

我很感恩母親，從小鼓勵我上進，教我去做生意營生。她在我七歲時，就帶我入佛門學佛，讓我有機會接觸佛法，接近諸山長老和高僧，打下良好的佛學根柢。我也很感恩許多長輩，給我機會參與國家科技推動工作長達十餘年，從而了解社會、經濟、文化和心理特質，是個人心靈生活的關鍵因素。如果我觀察個案的眼光稍稍開闊一些，助人的技巧稍微靈活一點，都是因為這些歷練所賜。在寫作時，每一本書的視野，也變得寬博和活潑實用。

現在我已過耳順之年，但還是對於二十餘年前受重傷所發的心願，珍惜和努力不已。希望在有生之年，還有更多精神力從事這方面的研究和寫作。寫作、助人及以書度人，是我生命意義中很重要的一部分，我會法喜充滿地繼續工作下去。

《清涼心 菩提行》

目錄

總序／我的創作歷程……4

新版序／美好的人生之旅……12

原序／活出生活的喜樂……16

前言／自性清涼心，光明菩提行……20

壹 自我的醒覺……23

現實我——依他起性所產生的我相……29

理想我——計所執性所產生的我相……33

真我——入圓成實性的真我……36

以自我的醒覺實現崇高倫理……39

自我的困境與出路……48

貳 意識與業力之淨化……59

煩惱障——了別和思量兩種意識所產生的困擾……63

所知障——法執的意識阻礙慧性的開展……73

業力之淨化與實現的生活……79

叁 從醒覺到實現的生活……89

醒覺是對精神生活的徹底醒悟……93

實現的生活就是創造性的生活……112

肆 倫理的精神法界 139
佛教的人文倫理 143
信仰與精神生活 159
邁向莊嚴的精神法界 163
入精神法界的進階——十地菩薩 180
伍 中觀的生活智慧 195
精神生活的「四依」 199
中觀的生活智慧 211
陸 信仰與實踐 233

新版序

美好的人生之旅

人生很像是一趟旅行。一方面要實現豐富的生活，讓自己過得開心，過得有意義；另一方面要在旅行結束後，懂得回歸靈性的老家，找到真正的歸宿。旅行的要領就是保持清涼心，實現菩提行。

清涼心是聰慧的本質。它使我們清醒和冷靜，產生清楚的思考和創造力，從而實現多采多姿和意義豐富的生活。每個人都有其特有的人生素材，遺傳不同，個性互異，環境因緣更不一樣。只要透過清涼心和智慧，去覺照自己的生活現實，就能看出光明面，展現美好的人生，過著充實有意義的生活。

個人無法選擇自己的遭遇，但卻可以選擇正向的態度和清醒的思考。運用眼前的素材，走出自己的人生路。這需要自我醒覺，透過了解自己，接納自己，去實現自己的人生，從而創造意義和成就感。就佛法觀點來看，這就是圓覺的人生。它的特質是用現成的素材，走在菩薩道上，行濟世之仁，做一位「覺有情」的大乘行者。

每個人都注定要用自己手上的素材和能力，去做利己利人的事，去過實現的生活。每個人性向、興趣、體能和稟賦都不同，但只要往正向發展，都能對社會有貢獻，成就其菩薩行。看在佛陀的眼裡，人人都是平等的，都在綻放著生命之光，都去展現其光明的佛性。

在精神生活上，人之所以產生煩惱、痛苦、憂鬱、焦慮等等心理症狀，是由於失掉了省悟的清涼心，失去自我實現的契機，而陷於空虛和絕望。心靈生活的最大苦難就是放棄自我實現的喜悅，想把自己變造成別人的樣子，或一心一意追求物慾，成為慾望的奴隸，造成迷失和壓力。當你的心陷入掙扎、嫉妒、憎恨、敵意和罪惡，結果不但現實生活變得窘困，在心靈層次上也感受到煉獄般的痛苦。

拯救心靈陷入苦痛和悲劇的方法，就是透過清涼心來覺悟自己，從而去過實現的生活。這個妙方既是佛法的精義，同時也是心理學家尋找美好的人生之旅，所發現的康莊大道。於是，我把佛法和心理學融合在一起，讓兩個領域的知見互相解釋，相信讀者很容易受用，從中得到啟發。

美好人生之旅的第二個核心因素就是菩提行。它既是行動力，同時又是證道的人文倫理。透過菩提行的修持和陶冶，我們才發展出哲學家康德（Immanuel Kant, 1724-

1804）所謂的「實踐理性」，從而展現佛陀所謂的「無緣大慈，同體大悲」的高貴品德。這能使生命展現大愛，並在步步踏實之中，開展般若大智，把自己提升到高層的精神法界，找到真正的生命歸宿和意義。

菩提行要從信、解、行、證四個階段去實現。人生之旅充滿著誘惑和迷濛，為了確保不迷失、不走錯路，維持正確的行徑，就必須有正確的信仰、清楚的修持步驟，才能在實踐力中，孕育充沛的精神力。從而開啟心靈生活的法眼，成為一位覺者。真正做到「上合十方諸佛本妙覺心，與佛如來同一慈力，下合十方一切六道眾生，與諸眾生同一悲仰」的大乘菩薩。

菩提行是學習做為一位覺者的行動指南。我把佛教主要經典的實踐法門，做了綜合歸納。繼而以心理學和倫理學的知識加以解釋，好讓讀者了解菩提行的要義。更進而透過《華嚴經》和《梵網經》，深入討論人文倫理的內涵和行動方案，道出菩薩德行的心理歷程。

菩提行也代表著寶貴的人文倫理。這種倫理不是建立在權威的規範，更不是透過罪惡感的心理來強制人們服從。它是從精神生活的提升，引發心靈生活中的主動性，悟入或契會如來的法界。透過菩提行，我們找到心靈生活的歸宿，找到真正的自在。

這本書不但闡釋了佛法要義，讓有志於學佛者，有個信仰和修持的藍圖。同時，也是應用心理學知識，促進個人自我實現，展現美好人生之旅的導引。為了培養這些心力，更透過「中觀」的智慧，清楚地指出實踐的理則和方法。

我試著用通俗的語言，藉助心理學等現代學術工具，把艱深難懂的佛法和修持密藏做清楚的陳述。我相信透過本書，讀者很容易從中找到要領，步上美好的人生之旅。

原序

活出生活的喜樂

現代人很需要佛法的生活智慧，來覺悟和實現自己的人生，才能在這焦慮和紛擾的社會生活中，找到安身立命的希望，活出生活的喜樂。

一九八八年的暑假，我應邀到佛光山、玉佛寺、香光寺、承天禪寺等道場，為教師或大專學生暑期佛學研習會作專題演講。演講的內容都觸及到自我的醒覺、精神生活的實現、心的修持和大乘菩薩行等主題。歸納起來，不外佛法上所謂的清涼心與菩提行兩個行門。

每一次演講完畢，總有許多老師或學生很高興的對我說，原來佛法（佛學）是這麼高妙的生活智慧。或者說他太幸運了，能接觸到佛法的要義，使他對人生有了煥然一新之感。其中最令我感動的是有幾位老師，他們都是學佛多年的老修持，告訴我說：現代人的精神生活很空虛，很苦悶，很需要佛法這精神世界的甘霖。目前有不少想學佛的人，不能正確的認識佛法，徬徨於門外，希望你把演講的內容整理出來，讓大家能夠閱讀。這幾位老師的叮囑，是我發心寫這本書的原因。

這是事實，現代人的精神生活，普遍蒙上一層憂鬱的煩惱和緊張的不安。在外表上大家是忙忙碌碌的，但在內心的精神生活上則死氣沉沉。一般說來，對自己的生活覺得滿意的實在很少，能保持心情愉快的人也就更不多見。

我們最常見的生活態度是埋怨自己的處境，責怪別人的不是，不滿和怨懟使自己覺得別人都對不起自己。相反的，自己卻對別人築起一道牆，提高自己的防衛性，以致自己的心靈和情緒更閉塞。在潛意識裡，像是一個需要別人照顧的孩子，有著一種無止盡被呵護的需要，使個人在心理上不能成長並孕育出強壯穩定和豐足感。這是當前我們的社會問題、文化問題，也是一種心理衛生問題。因為它涉及到廣泛社會的脈動和個人心理的成長與健康。

根據我的觀察和分析，現代人的精神生活之所以低落，顯然與缺乏自發性的教育有關，與功利社會的劇烈競爭牽連，與社會上聲色奢靡互為因果，與失去完整的生活意義一衣帶水。這些因素對群眾的心理發生嚴重的干擾，如果我們從心理因素來看，精神生活低落的原因有三：

第一，心裡頭存在著一股莫名的不安，迫使自己不斷貪婪的追求。不相信生活本身就是一種喜悅，而在生活之外加添了許多追求，把自己弄得精疲力竭。

第二，強烈的自我中心，興起一種追求優越的意識，需要擁有一些頭銜和財勢，來爭取別人的羨慕，但這又談何容易呢？於是挫折的時候，自卑、失意和抬不起頭使生活變得全然乏味。

第三，缺乏一種生命的希望、一套完整的人生觀，所以沒有生活的意義和對人生的憧憬和期許，像浮萍一樣隨波逐流，孕育不了活潑和自我肯定的清醒。

這本書是針對現代人精神生活的拯救而寫的。透過佛學中《成唯識論》、《華嚴經》的精神法界和《般若經》上的覺性與智慧，再由中觀的方法契入積極的生活層面，融會了世出世間法不二、福慧不二，和大乘菩薩行的究竟了義。我寫完了這本書，等於遊歷了一次精神法界，最後才發現念佛法門的真正妙意；而這個部分，只有在結論中扼要的一提，它的殊勝和玄妙只有讀者自己去實踐才能領會了。

我非常感激師父淨空大師給我的啟示，多年前他指導我研讀《華嚴經》時，承他賜偈曰：

依梵網經心，

行入華嚴不思議解脫境界，
安住彌陀寂光淨土。

當時我並不明白這首偈子的真義，不能體會親嚐個中三昧，倒是書法很美，所以把它裱裝起來，掛在客廳，經常看看。一直到這本書寫作到了最後，一個安靜仲秋的深夜，涼風吹醒了夢中人一般而深有覺醒。當時我恍如遊歷華藏莊嚴世界歸來，而小書房的四壁就散放著清淨自在的氣息。

精神生活就是法界，法界就是精神生活，要不斷提升精神生活才能參入莊嚴的一真法界。這是個很有意義的歷程。要從自我中心的我相中解脫出來，要自我覺醒，了解自己，接納自己，依照自己的根性因緣去生活，去發揮自己阿賴耶中的潛能，成就生活，然後用它來布施，來服務社會，迴向佛的精神世界，才得到解脫，見清淨自性，成就大乘菩薩了義行，住常寂光淨土。這樣的圓教教義，把過去、現在和未來三個時間層面完全的統合圓融了，這就是人類精神生活的希望，也是人類文明的希望之光。

這本書是融會了佛學和心理學寫出來的精神生活心理學，無論你學佛與否，都可以從中獲得許多共鳴。希望它能對讀者有所助益。

前言

自性清涼心，光明菩提行

人能夠保持一顆清涼心，才能擁有健康的身心和成功的生活。特別是生活在這個競爭激烈、生活繁忙的現代社會，如果缺乏清涼的意識與態度，就可能產生不良的適應，使精神生活感到沉重和煩悶。

清涼心是人類天生的本質，它使我們冷靜和清醒，散發悠閒自得的氣質和活潑的創造力。佛法所謂的清涼心，不是要我們消極地逃避生活，而是徹底改變自己的態度，放下虛幻的我相和執著，從自己的繭中解放出來；使自己更堅強、更自由、更有能力過豐足的生活。清涼心具有以下幾個特性：⑴徹底的自我醒覺；⑵淨化自己，從潛意識業力中解脫出來；和⑶依照自己的根性因緣過實現的生活。

清涼心即佛法所謂的「自性淨土」。生活的真理就是透過清涼心放下虛偽和造作，回歸到自己的本來面目，過自我肯定的生活。唐朝洞山禪師說：

洗淨濃妝為阿誰，
子規聲裡勸人歸，
百花落盡啼無盡，
更向亂峰深處啼。

這首詩偈充分流露了清涼心的本義。人應該把一切虛榮和過度的慾求放下，要把刻板的意識洗去，承認自己是唯一的、獨特的、尊貴的個人。不與別人比較，而根據自己的本質好好的過實現的生活，那就是清涼心。

精神生活的本體，就是佛學所謂的「法身」，而法身唯有用清涼心才能看到它，所以叫做「清淨法身」。法身是永恆的，是人類的如來自性，要想證入如來自性，必須從清涼心入手。

而菩提行是人類所發展出來最完美的人文倫理。透過菩提行的陶冶和修證，我們才有健全的精神生活；經過菩提行的洗濯和歷練，我們才發展出「無緣大慈，同體大悲」的高貴品德。

現代人的精神生活不斷被貪婪和自我中心的意識所破壞，更嚴重的是普遍缺乏一種有意義的精神取向，以致生活變得焦慮和空虛，感情與理智有被隔裂的危險。

菩提行是現代人所急需的精神生活指引。透過倫理的實踐，能給自己帶來新生，讓我們回歸到本來具足的光明性。《六祖壇經》上說：

菩提般若之智，
世人本自有之，
只緣心迷不能自悟，
須假大善知識示導見性。

在佛教裡，大善知識所要示導的就是菩提行。它包含三個法則：⑴人文倫理的十個菩提心；⑵中觀的智慧；和⑶信仰的實踐。這三個法則，旨在引導人類開悟，顯露法眼，過圓滿的生活。如禪家說：「萬古長空，一朝風月。」

菩提行是精神生活的歷練過程，主要目的就是要我們在短暫的生命中，品觸到絢爛的人生和永恆的法界。在「舉手攀南斗」的時候，也知道「回身倚北辰」，只有這樣才可能生活在「山河及大地，金露法王身」的大自在裡。

壹

自我的醒覺

佛法

菩提即本源清淨心，
常自圓明遍照，
世人不悟，
只認見聞覺知為心，
為見聞覺知所覆，
所以不精明本體，
但直下無心，
本體自現，
如大日輪升於虛空，
遍照十方更無障礙。

——唐．《黃蘗傳心法要》

釋義

菩提自性是人類本有的清淨智慧，
它永遠照亮著人生。
一般人不知道運用它；
誤把見聞覺知的分辨成見當智慧，
反而障礙了慧性的開展，
所以才看不清事物的光明面。
其實只要放下執著造作，
它又會像太陽一般，
照遍你絢爛的人生。

每一個人都生活在自己為自己所作的繭裡頭。這個繭就是心中的「自我」。它包含了許多生活經驗所形成的我相（對自己的看法）、知識、情感和情緒等等，當然也包含了光明的毘盧自性。我們的一切思想和行為都由自我衍生出來，所有表現於情感的執著、情緒的變化，乃至快樂時的亢奮、憂愁時的悲鬱、思考時的條理、取捨時的計較，都是自我的活動。

自我是我們待人處世、解決問題及追求精神生活的動力。它是過去經驗的產物，也是自身智慧與環境作用的結果。它蘊藏著複雜的內容；般若與煩惱，理性與情感，全部融攝其中。

人唯有透過醒覺，才可能將「自我」去蕪存菁，見光明本性，讓自己從許多煩惱中解脫出來，獲得心靈的自由，過創造性的生活，得大自在。

自我的醒覺是佛教經典中最重要的教誡之一。事實上，佛教的宗旨就是教人醒覺。人只有透過醒覺的功夫，才能從許多攀緣和苦惱中解放出來，讓自己生活得自由活潑，有創意，有智慧。在精神生活的永恆之流上，抱著光明的希望。因此，醒覺是人類精神生活的唯一出路。醒覺本身就是一種純淨的智慧和光明面。經由醒覺我們才化掉一切黑暗，化去 切障礙，化除一切病苦。

為了提升人類精神生活，促進自我的醒覺，早期的佛教經典特別強調無常、苦、空和無我四個基本觀念和修證。其主要的內涵是人生無常，整個宇宙和現象是不斷變異的，無從捉摸，不可靠，不能依賴的。正因如此，生活的本質是痛苦的，是飄泊的，是空無所取、不實在的。當然，所謂的自我也是虛幻的，充其量只不過是一些片片段段的意識拼湊成的幻我，不可以把它視為如如實實、永恆存在的我。

然而，佛陀到晚年，最後演說《涅槃經》時，則又以肯定的態度指出常、樂、我、淨四個完全相反的觀念。其前後是否矛盾呢？在有關佛經討論的浩瀚著作中，我們可以發現一個重要的線索：那就是當我們還沒有醒覺之前，我們必須以無常、苦、空、無我來看待自己，才可能放下攀緣，做到蕩相遣執、轉識成智的功夫。然後成就了見性的真常，品觸到真正的喜悅和快樂（法樂），解脫一切虛妄的念頭和業障，發現真正的自己，這個過程就是醒覺。佛陀的常、樂、我、淨是他在圓寂前對著已經品觸到自我醒覺的弟子們說的。無常、苦、空、無我是對未悟見本性、還攀緣執著在我相中的弟子和為了追求虛幻的名利、尚墮於無盡苦海中的凡人說的。

自我在還沒有醒覺之前，自己感到有一個確確實實的我。對自己的長相、興趣、尊嚴、人緣、學問、財產、社會地位等資訊自動歸納成的「我」，有著清楚的印象。事實上，這個我是個人對自己的看法和收集別人對自己的看法，而不是真正的自己。因此這個我是不可靠的，是生活的影子。如果把這影子當做我，就等於生活在虛幻中，造成本末倒置，甚至會壓抑真我，造成焦慮和生活上的苦惱與障礙。這就是佛陀教人要放下我相、人相、眾生相、壽者相的真正原因（參見《金剛經》）。

人如果想活得好，活得圓滿，就必須從自我醒覺做起，從虛幻的我中解脫出來（無我），而用真我來生活，這就是佛經上「空」的本義。當我們從虛幻的我中醒覺過來之後，真我就不再是「見聞覺知」的我，而是菩提自性。它的大用就是智慧，是創意生活的根源。

當一個人從幻我中解脫出來時，他的智慧就要大放光明，有純淨的理性，有慈悲心，能過創造性生活。這時就產生了積極的心智，那就是積極自我的實現，也是菩薩淨土之行。

在佛經裡頭，大乘菩薩的解釋是：無私的善行者，也叫做醒覺的有情菩薩。在佛陀時代，有一位在家的居士叫維摩詰，他的修行已經到了圓通的地步，其對佛陀的十大弟子也時有垂教和啟發。有一天他當著眾多佛陀的弟子面前，與文殊菩薩討論大乘菩薩的行持時說：

雖行於空而植眾德本是菩薩行，
雖行無相而濟度眾生是菩薩行，
雖行無作而現受身（實現自己的潛能）是菩薩行，
雖行無起（不起心動念）而起一切善行是菩薩行。

很明顯地，大乘菩薩就是積極的自我所產生的光明性。他心懷淨土，包容一切，能孕育創造，濟度眾生。

醒覺本身也意味著完全的解脫。當我們能從許多虛妄的自我觀念中解脫出來時，便見到了自性。這時，對原有虛妄的我而言是「空」，但對自性的智慧而言則是「實」。又因為智慧本身沒有性狀，沒有體性，它是一種潛能，一種無法限定、不可描摹的可能性，所以它是空性。但是只要用它在待人接物上，它又是如如實實地表現得那般貼切恰當，所以它又是實性。這個既是空性又是實性的我，便是醒覺的自我。

這樣說明佛學中自我醒覺的觀念，顯然還不容易讓讀者完全了解。以下各節再就唯識學的角度加以分析。

現實我——依他起性所產生的我相

自我觀念是個人生活經驗的產物。每個人在日常生活當中，總是把別人對自己的看法、自己適應環境的觀感，以及生活上滿足需要的方法和慾求，綜合成一個我相。在這個我相裡頭包括了自己的種種心理需要、行為模式、情感的反應、能力和想像力。這與心理分析學家何妮（Karen Horney, 1885-1952）所謂的實際我非常接近。實際的我是自己與環境互動作用的產物，它本來是不存在的。換句話說，我們對自己所執著的自我形象，都是因緣所生的意識活動，而不是實在的東西。這在佛經來看，是很明顯的，龍樹菩薩在其《中觀論》中說：

因緣所生法，
我說即是空。

這個被一般人認為是實實在在的我，在佛經裡卻被視為假相或影子，認為它不是本來就有的自性。《楞伽經》裡頭也談到「無性」的問題，它說人類本身沒有什麼可以具體掌握的自性，如果有的話，也只不過是生活經驗的因緣互動所產生的自我印象，而那些印象畢竟是外來的，不是本來就有的。如果拿因緣所生的我相當做自己，簡直就像把夢境當真一樣的犯了錯誤。

然而實際的我是人類生存現象的自然表現，我們離不開這個因緣所生的我相，也不可能逃避這個我相，因為它是生活的軌跡與倒影，它伴隨著生活自然出現。這一來《金剛經》上所謂的「無我相」，指的不應該是沒有我相的存在，而是指一個人不要被我相所束縛，要從我相之中醒覺過來，否則就會墮入一個自以為是的自我中心裡頭，而生活在一個狹隘的心理生活空間，失去活活潑潑的生活力。

人類從生活中所形成的自我印象，還包涵了我們的生活經驗，它累積成許多的知識。但是知識並不是經驗的直接產物，它是經過智慧覺照後所產生的現象。這些知識並不是恆常的，知識往往只是暫時的答案。因此，人如果沒有透過醒覺的功夫，會把知識當真理，把社會規範當鐵則，那麼這個我相所儲存的知識也就毫無價值了。反過來說，如果把這個被認為我相的實際我否定掉，那麼這個實際我成為空無一物的東西，與無生物又有何異？所以佛經上所說的「空」應該是醒覺的意思。《中觀論》上說：

大聖說空法，
為離諸見故，
若復見有空（執迷於空法），
諸佛所不化。

人若抱著一個死寂的空，不知努力上進，就會失掉了智慧，失掉了生活的意義，就是十方諸佛也不能點化他了。

在唯識學的經典中，把「我」的性質分為三，即：依他起性、計所執性和圓成實性（參見《楞伽經》、《解深密經》、《唯識三十頌》）。依他起性正是上面所述現實我的部分，是觸目遇緣的生活經驗所編織的知識、自我觀念和情感狀態。雖然它是環境的產物，但就現實生活層面而言，是不能予以否定的。而對待這個現實的我相，只要能不執著於它，能空掉對它的偏執，就可能把生活經驗的素材，化為提升精神生活的功德，成就德滿圓覺的最高生命意義。所以，依他起性所形成的自我及其所帶來的一連串活動就是天台宗所說的「俗諦」，俗諦就是日常生活。如果日常生活的活動能不執迷於追求自尊和地位等我相，就是禪家的平常心。

佛陀以空來教誡人，就是要我們放下那個非屬自性的我相，所以在《楞伽經》中才會特別提出相無性、生無性、勝義無性。意思是說，你所能感受到的我相不是本有的，而是外來的，所以叫做相無性。你心中所想像的慾望和理想，也是由自己意識活動所產生，不是本來就存在的，所以叫做「生無性」。至於「你想要追求」的第一勝義和究竟覺，也是你自己的假定，它不是本來具有的，所以勝義也無性。佛陀提出三自性和三無性的主要目的就是告訴我們，一切的思想行為以及自我的觀念，都是依經驗因緣而形成，而不是真的有一個可以確切掌握的自性，如果有的話，那就是生活經驗所歸攝的意識活動。

從佛經的理路來判斷，佛陀為了避免學生把我相視為實在，而固執於我思和我見，反而失掉了覺察的能力，所以要弟子們「受諸受而無所受，因無所受而受諸受，所以不為五受所擾」。這麼一來才可能發揮智慧，光明偏照，故《中觀論》中說：

> 汝若破眾因緣法第一空義，
> 則破一切世俗法。

懂得這個道理的人，縱使別人對他非難，亦能真正做到「有過則改，無則勉之」，而不動於瞋怒，不發於愁思，不形於焦慮與憂鬱。平常為人，也就不會驕矜自大，不以高下分別來看世俗的事情。那時心平氣和，什麼事情也就看得更透徹了。

理想我——計所執性所產生的我相

我們在建立了現實我之後，就開始要跟別人比較，對自己作評估，希望自己比別人好，比別人強，比別人富裕，比別人能幹。但是跟別人比較是永遠比不完的，總是有比自己強的人，於是在現實我與理想我之間開始有了矛盾，內心的不安和焦慮於焉發生，這是苦惱和心病的來源。

人為了彌補這種比較上的差距，為了避免自己內心的衝突繼續下去，而設法尋求一些補償性的出路，乍看像是自我形象的維護，事實上則使現實我脫離現實，而更加執著，於是成為心理病症或病態人格的原因。僧璨大師在《信心銘》中說：

違順相爭，是為心病。

這時，慮多志散，愁長心亂。《息心銘》要人息下的心，就是這個貪婪與虛榮。如果汲汲營鑽於虛榮，那就要心亂苦惱，不能過正常快樂的日子，故《中觀論》上說：

心亂生惱，志亂妨道，
勿謂何傷，其苦悠長，
勿言何畏，其禍鼎沸。

當一個人拿自己來跟別人比較時，無疑產生了許多不滿和自卑，於是設法要為自己塑造一個理想的我相。這個理想的我相，誠如心理學家何妮所謂：「他經常自己說，我其實不是你所想像的那種可憐蟲，我表現給你看看，我就是這麼高貴，這麼慷慨，獨立自主與純潔無比。」於是他開始走向傲慢，追求榮耀，而追求榮耀與自卑之間卻充滿著矛盾。矛盾所造成的焦慮，可以折騰一個人的一生，也可以使一個人罹患精神上的疾病。

我們知道理想我是從計所執性的作用形成的。理想我本身也是自己思維所產生的。理想我源於自己分別識的比較和判斷，就生活經驗而言，它是價值判斷的主題，也是我們的毅力和意志力所寄，但是當比較給自己帶來一個虛幻的理想時，它就要脫離現實而產生心病了，這個病本正是建立在對虛幻的攀緣上。《維摩詰所說經》上說：

何謂病本？

謂有攀緣，

從有攀緣則為病本。

人總是在生活中刻意要與別人比較，才有了爭奪傾軋。想要得到好的美色和名器，想要滿足各種慾望，或者想要追求清譽而與世無爭時，都會產生攀緣。攀緣將導致許多煩惱與痛苦。

從心理學上來看，人總是有了挫敗和自卑之後，才需要一個脫離現實的理想我來麻醉自己。這時他的真我就相對不能發揮功能，自我強度也跟著衰弱下來，而正常應付生活及解決問題的能力反而降低，生活所產生的焦慮也隨之提高。根據國立台灣大學心理學教授柯永河的研究，個人的焦慮與自我強度息息相關。自我強度如果大於生活壓力，就不容易產生焦慮；如果生活壓力大於自我強度，則焦慮的程度隨著生活壓力而增強。

生活的壓力顯然與一個人的抱負水準有關，而抱負水準正是理想我所投影出來的自我期許。因此，理想我如果超過自己能力所能及的愈多，其生活壓力自然愈大，苦惱愈多。

現實的我相由因緣及增上緣所生，它是自己和環境互動，並歸納互動的種種現象和回饋思維的結果。至於理想我則由「所緣緣」產生出來的，相繼衍生成許多虛幻的意識，而使意識活動更為紛擾，相繼不絕而成為等無間緣。所以要想「歸真返璞」，就必須從緣中解脫出來，而解脫之道就是以增上緣去實踐佛法，透過修行，破除種種緣生的我相，那就能淨化與醒覺，見自己本來面目。

真我——入圓成實性的真我

我們的內心也有一種光明性，它是個人內在的潛力，是一種無相、無生、無所謂勝義第一義諦的般若，也是智慧的本體。由於它是無相的，所以它能在任何形式思維中運作，能在不同的範疇中存在，能表現出個人的創造性、恬淡、喜悅、自發自動的心力，同時也能表現出最純真的性情。它不受既有經驗的影響，而能發出真知卓見；不受分別好惡的偏見所隱瞞，而能表現出平直自由的判斷。這個般若是佛經中所謂「不可思議」的部分。什麼叫不可思議呢？因為菩提自性是無從詮釋的，它一經詮釋即刻變成形而下的限定性；它是一種形而上的本體，它如如實實地存在著。

般若是沒有性相的，是不能用增減的形式或量化來界定的，更無所謂最高的勝義。套用哲學家杜威（John Deway, 1859-1952）的話說，那就是智慧，就是人類所以能不斷提升和成長的可能性，是人類創造力和知識之不斷改造的力量。這種力量或可能性本身，我們雖無從描摹，但一表現在生活上，則能成就圓滿的功德與福德。無論是立功、立德或立言，都是透過般若而創造實現的。

在唯識學上說要轉識成智，把意識和經驗化為生活的智慧，成為解決生活問題和證悟生命究竟的資糧，就要靠真我的功能。透過真我的智慧，把從眼、耳、鼻、舌、身所攝受的各種與料（因緣）化為成所作智，成為立功、立德、立言的菩薩行。把意根的活動轉變為妙觀察智，成為獨立思考的基礎。然後把分別識這種構成理想我的意識和分辨，轉變為平等性智，在眾生平等自性清淨下，得到性靈上的自由。最後全部成就了大圓鏡智，亦即成就一切功德而又不執取一分一毫，對一切眾生的布施和救度，都無所求，建立一切功業而無絲毫我執，那就是無所住而行於布施，是華嚴經教所謂的無緣大慈，同體大悲，這就是真我，也是法身。

剛剛已經說過，般若是無相的，是空性的。而現實我與理想我是有我相的，正因為有我相，所以有種種情緒、貪慾、瞋怒、癡慢、狂妄等心所法。在龍樹菩薩所著《十二門論》中說：

佛告諸比丘，
因我故有我所，
若無我則無我所。

當我們把執持的我相放下時，般若能正確地使用由感覺器官所輸入的種種資料，而有正確的聞、思、修、行諸八正道、六波羅密，而成就圓成實性，那就是真我。所以真我是沒有我相，沒有人相（不與別人比較，而產生對立及貪、瞋、癡三毒），沒有眾生相（不起煩惱苦），沒有壽者相（不貪生怕死）。

我們的生活是建立在心與境的不斷交互作用上，心是指內在的動機、思想、知識、情感和潛意識的整體，我們可以稱它是人格。另一方面，境是指環境和別人對自己的觀感及交往之種種。這種心與境的互動就構成了所謂的因緣。因緣就是構成現實我和理想我的基本因素，所以因緣所生的種種事相和心理活動，都是有為法，都不屬於自性（本有的天性），所以都是假相，而非實相。唯有透過般若的空性（真諦），去攝受由緣所生的生活經驗（俗諦），才可能周遍含容成就一切種智（中諦）。中諦就是真我的根本，是常、樂、我、淨的源頭，是創造性生活的根源。

以自我的醒覺實現崇高倫理

大乘佛教在中國，無論哪一宗都以自我的醒覺為宗旨。醒覺的過程，表示自己從緣生的我相中解脫出來，因為緣生的我相只是一個假的表象。《唯識三字經》上說：

真覺者，佛菩薩；

說唯識，破我法（相）。

因此許多人認為佛教是無我論的。不過從上述的分析，佛教的無我論是指醒覺的過程，當一個人從假相中醒覺過來時，他又看到了真正的我。禪家曾說，十年前見山是山，見水是水，十年後見山不是山，見水不是水（這時是無我了，解脫了）；又過十年，見山是山，見水是水（醒覺後的真我）。

禪悟的醒覺

前面所談及天台三觀，從空、假、中三個實踐方法中，把真諦和俗諦融攝為中諦，這個融攝調和的過程，就是自我的醒覺。由於中觀是自我醒覺過程中，非常重要的法門，我們將在下文以專章說明介紹。

禪宗是以心傳心、見性成佛為修行法門。禪在於指引個人，悟我法二空，自心本來清淨、無迷悟、無煩惱，此心即佛，不待外求，為最上乘禪。當見般若自性時，就能以般若自性含攝萬法，發大智慧，過光明自在的人生。菩提般若之智，是每一個人都有的創造性，只是因為心迷，不能自悟，才使生活發生障礙，滋生許多煩惱。因此，只有透過悟的功夫，從許多緣生的我相中解脫出來，才能夠應用根本智去成就一切種智，故《六祖壇經》中云：

用即了了分明，
應用便知一切。

禪的修行法門就是要從境界（因緣所生法）中解脫出來，不要被種種內外所產生的色相和虛妄觀念牽著鼻子走，那就是定。《六祖壇經》上說：

何名禪定？
外離相為禪，內不亂為定。
外若著相內心即亂，
外若離相心即不亂。

一個人若苦苦地抱著我相，必然會迷失了生活的正道，而刻意去追求尊嚴、虛榮和名利財勢。刻意往外追求的人，最後終會迷失自己。

禪的宗旨無非是為了充分的醒覺，從許多緣生中解脫出來，不被色相所欺，所以叫做無念，唯有：

真如自性起念，
六根雖有見聞覺知，
不染萬境而真性常自在。

經上還說：

於自念上常離諸境，
不於境上生心。

這種離境和不於境上生心的功夫就是離開我相，而用「真如本性」去生活，就是真我。《六祖壇經》對真我的解釋是：

真如（即菩提般若）即是念之體，
念（一切思想、行為、情感）是真如之用，
真如自性起念，

非眼耳鼻舌能念。

當我們以菩提般若來統攝萬法時，我們是清醒的，是清淨的，是自在的，這就是禪家所謂的自我醒覺。

華嚴的醒覺

其次就華嚴宗的修行法門來看自我的醒覺。華嚴宗的宗旨是要使一個人修行到理事無礙，進而到事事無礙，成就大乘菩薩濟度眾生的行圓果滿。我們從杜順和尚創立觀門來看（參見《修大方廣佛華嚴法界觀門》），觀門可分為三重，即——

- 真空觀：謂各種因緣所生的思想、情感、行為、意識本無自性，都是環境造成的。這些現象所以存在是因為有一個空性的體，這個體即是智慧。
- 理事無礙觀：理體的智慧如果沒有經驗的事相來配合，理是不可能有妙用的，所以必須有理事相融。理事相融又必須建立在覺性上，才不致迷失。
- 周遍含容觀：當自我醒覺之後，便發揮了大用，由於不受我相和虛妄的干擾，理與事相融為一，所表現出來的行為，也都是清醒有創造性的，最後成就光明莊嚴的心理世界。這個心理世界就是精神世界，它參贊化育在「一真法界」之中。

華嚴宗的修行法門與禪宗則有不同。禪宗是頓悟成佛，一悟而抖盡一切染著，見自本性，得大自在。華嚴宗的醒覺之路是從信、解、行、證中，一步步的昇進。華嚴的教義是：如果見自本性而不去漸修，充其量只是初發心的菩薩，而不能真正由自我的醒覺達到最高的精神生活的提升。所以華嚴宗一定要從十信、十住、十行、十迴向，然後從初地昇到二地，由二地昇到三地，循序而上，把自我的精神內涵，一層一層的提高，自我一天天的也往上提升，最後成就十地菩薩，才有了圓滿的自我實現。

華嚴宗是要我們在解脫我相及種種執著之後，還要用般若的創造性，不斷地努力，濟度眾生，去實現一切眾德，讓自我提升到最高的精神世界，與宇宙的精神共同體等參。這個時候，自我既是實性，又是空性；唐朝清涼國師澄觀《心要法門頌》云：

> 欲達心源淨，須知我相空；
> 形容何處實？念慮本無從。

豁爾靈明現，倏然世界通，
真金開伏藏，赫日出瞑矇，
試將心比佛，與佛始終同。

所以《華嚴經》最重要的玄旨就是自我的提升；而提升到無我相之後，還要迴向到生活世界，救度一切眾生，利益社會大眾，利樂一切有情，為國家社會謀福利。然而，這些布施與善行，並沒有絲毫矯俗干名的俗態，於是自己成為不能被引誘或屈服的金剛大菩薩。「這個金剛大菩薩，已經在他的生命過程中得到完全的歷練，最後就超越了法雲地（第十地），再跨一步就可以成佛，因為他已福德清通，具足一切諸佛微妙智樂。」──（參見方東美著《華嚴宗哲學》）華嚴宗所秉持的不只是自我的醒覺，而是更進一步去實現精神生活的光明面。

淨土的醒覺

再從淨土宗來討論自我醒覺的法門和本質。淨土宗有幾個重要的行門，即淨心、觀法、念佛──

● 心中自有淨土：修淨土法門，首先必須從淨心修起。淨是指心中無染無雜，淨化心中三毒，使貪、瞋、癡三毒自然消除，內心的菩提自性光明遍照，觸目遇緣都能攝受而不為亂，所以說心淨即佛土淨。淨心是培養智慧、維護心理衛生、長保身心健康的最好方法。淨土法門透過淨的訓練，使自己從許多不合理的抱負水準中解脫出來，建立了清醒的自我。

● 觀法：淨土宗的觀法有別於天台止觀，天台止觀是空門的觀，淨土的觀是有門的觀；前者在於解縛，引發悟性；後者在於建設，建構生命與精神世界的藍圖。《觀無量壽經》裡頭提出十六種觀想法門，是在建構充實清淨和喜樂的自我。

● 念佛：念佛法門依《楞嚴經》念佛圓通章之旨意，以念念憶佛，如子憶母，如母憶子，如法而行（依三十七道品修行），是為念佛。一則仗佛力助自己解脫，一則以定心專心念佛生慧。從依佛的虔心與信心中，引發自己的醒覺。念念不離阿彌陀佛濟世度人的四十八願，受度度人，受利利人，廣濟有情眾生，行果圓滿，而與彌陀相應，證入佛界。

念佛法門和華嚴宗的修行法門有許多相通之處。因為兩者都是由建構心靈，提升精神生活來達到自我的圓成實性，獲得正等正覺，所以都是屬於「有門證入」的法門。

華嚴宗同樣讚嘆念佛法門，在《華嚴念佛三昧論》中，特別說明念佛的五個法義：

- 念佛法身，直指眾生自性門：從般若自性發揮生活的智慧。
- 念佛功德，出生諸佛報化門：由道德倫理的實踐，提升精神生活，而參贊入於一真法界的最高成就。
- 念佛名字，成就最勝方便門：由持名念佛直接證入法界實相，得佛力感通，入於究竟勝義。
- 念毘盧遮那佛，頓入華嚴法門：發揮般若的光明覺性，照遍生活的一切範疇，得大自在。
- 念極樂世界阿彌陀佛，圓滿普賢大願門：從實踐大慈大悲的願力中，獲得自我的醒覺，證入西方極樂佛土。

淨土宗的主要經典是《阿彌陀經》、《無量壽經》和《觀無量壽經》，以阿彌陀佛的四十八願，充分表現救度眾生、悲智雙運的行願力量。淨土宗的修行必須自淨其意，而得醒覺，同時還要學習彌陀行願，迴向於眾生，為社會服務，始能往生淨土。理論上，淨土即佛心所證之真如本體；析言之，淨指般若自性，土為一切緣生之境，而淨土即一個人充分醒覺之後，對彌陀行願的圓滿實踐。

從以上簡要的敘述，我們會發現唯識宗、天台宗、禪宗、華嚴宗及淨土宗，在精神生活的修行上雖有不同，但是最終的目標則為自我的醒覺，並透過醒覺實現崇高的倫理，為濟度社會、利益眾生而努力，成就大乘菩薩眾德，證甚深了義。

自我的困境與出路

現在我們要回過來檢討現代人的精神生活處境，同時說明自我醒覺是唯一精神生活的出路。我們從現代人的價值觀念加以歸納，無論所追求的是財物、名譽、地位或事功，在它的背後，總是存在著對我相的迷戀。人們都非常在意別人對自己的看法，深怕別人認為自己不行，所以要想盡辦法，讓別人認為自己也是高人一等的。於是，開始尋求心理出路，造作一個理想的我，刻意去追求和囤積，一方面造成了精疲力竭，一方面由挫折而引起焦慮不安。

我相的執著給自己帶來沉重的負擔。許多人常為了「嚥不下這口氣」而與人爭鬥，為了維持起碼的面子而虛偽造作，為了比別人優越而弄得精疲力竭，凡此都是「我相」暗中作祟的緣故。

強烈的我相引起種種心機、智巧、情緒的激盪和情感上的紊亂（即《成唯識論》中的煩惱法）。這些心理活動，造成苦惱和焦慮，觀察現代人對我相的執著，造成以下幾個現象。

追求別人的稱讚與關懷

我相的第一個特質是需要別人的稱讚。就一般而言，喜歡別人稱讚乃人之常情，它也是人類向上、遵守社會規範的動力。就教育的觀點而言，稱讚不但是學習的動力、和諧人際關係的媒介，也是表達價值判斷的一種方式。但是，如果一個人過分需求別人的稱讚，甚至以受稱讚的心態作為思考判斷的依據，那麼感情與思想必然要發生疏離，甚至導致過分依賴別人關懷的傾向。這種性格的人，一旦自己受到的讚美和關懷稍有不足，便有受傷害的感覺，而焦慮與不安也就如魔附身一樣，緊緊地貼粘著自己，很難擺脫得開。

一般人對讚美有著共同的需要，它是人類感受到支持、溫暖和愛的重要來源。佛陀把「愛語」（按：良好的溝通與讚美）列為建立和諧人際關係方法之一，就是為了對應這種需要。不過，一個人如果不分青紅皂白地渴求別人的讚美和關懷，便起了嚴重的心理障礙，誠如何妮所說，他們往往不能察覺到自己對讚美和關懷的無盡需求和渴望，以至無法忍耐遲來的讚美與關心，而急躁地作敏感的非理性反應。比如說，如果有人不同意他的意見，他就會覺得深受傷害，或者覺得面子掛不住，而陷入一連串的苦惱與焦慮。

對我相執著較重的人，似乎只關心自己有沒有受到尊重，很少相對地去關懷別人、欣賞別人。這個現象可以說明，人總是自愛才能愛人，自己能夠讚美自己，才可能欣賞別人。

現代人生活在感性文明蓬勃發展的環境裡，每個人都爭著要出人頭地，要塑造一個別人讚美的形象，於是各出奇招，各顯神通。大家只注意到自己，卻很少關心別人。隨著風氣所及，社會上也瀰漫著別人必須尊重我、政府應該照顧我、國家應該保護我的觀念，至於我是否盡了自己的責任去愛顧國家社會，是否拿出愛心去關懷自己的鄰居袍澤，那就很少聞問了。

人若不斷地渴求別人的關懷與照顧，就會慢慢演變成自我中心，失去覺察周遭人情世故的能力，而不能過清醒自在的生活。比如說，一個自我中心的人，可能在與朋友見面時，滔滔不絕地敘說自己，也許在誇耀自己的聰明與博學，也許在顯示他驚人的毅力或膽識，但他從未去關心別人。我曾讀過一段故事，內容是說某一位作家在宴會上，拉著朋友滔滔不絕地述說自己得意的事。過一會兒，朋友覺得不耐煩了，他便對朋友說，「嘿！真不好意思，總是我在說自己的事，現在來談談你的，你認為我最近出版的那部小說如何？」這個小故事，很生動地表現了自我中心傾向者的行為特質。

一個自我中心傾向的人，很難從別人那兒得到人際關係的回饋，因此他不容易從朋友及處世經驗中不斷學習和進步，得到喜樂和社會支持。因此，他不懂得傾聽別人的意見，缺乏實踐公德的義務感，對於法治和公共秩序的觀念也就相對薄弱。

對於一個民主開放的社會而言，其所以能長治久安、繁榮安定，完全奠基於人民具有互相關懷和彼此尊重的性格。這個民主性格的建立，必須從自我中心中解放出來。此外，民主社會必須每一個人都具有清楚的判斷能力，有熱心公益的習慣，而對我相的深度執著，正是破壞理性思考和合理情感生活的主要原因。

苛責與批評

「我相」同時也是對自己作評價的主要來源。在討論自我評價之前，我們必須先把評估和評價的不同加以說明。評估是指一個人對自己的能力、興趣、人際關係、生活環境的認識；他可以透過科學的方法、理智的檢討，甚至透過心理學專家或專業人員的協助，來達到認清自己的目的。正確的自我評估，顯然有助於提高生活適應能力，同時也是實現潛能、過成功生活的重要資訊。

自我評價就不同了，它是對自己生活表現的批評，如果批評過於苛刻，就會使自己產生自卑或能力不足的感覺。人一旦有了嚴重的自卑傾向，隨即就會有焦慮不安的情緒，長期的自卑，會使自己感到無能為力、冷漠或絕望。自卑與一個人的智能並沒有絕對的關係，有時一位智能很高的人，會認為自己愚蠢無比。一位美麗的少女，也可能會覺得自己死板缺乏魅力。

自卑感是一個人執著於我相，並對之作好惡批評的結果。正因為它是批評性的，所以常常以愁眉苦臉的姿態出現，而別人看來往往是無病呻吟。批評並不是只有針對自己，同時也會針對別人。一個執著於我相的人，往往以自己作標準來批評別人，因此他們很容易作出非難別人的評語和責罵。只要跟他不同的意見或看法，都會受到他的攻訐和排擠。

自我批評的另一種可能是產生自大與自傲。自我中心的人，總認為自己比別人強，因此常常藉著自誇來撫慰自己的我相，藉著自己的表現，出盡風頭。許多人以與名人社交、收藏名畫、擁有珍寶等等來引起別人的注意，製造其風流倜儻的形象為滿足。

自我批評在唯識學上可以說是「心所法」的連續反應，就緣的觀念來看，屬於「所緣緣」，因為它總是在思想和情感上，旁生枝節，引起許多無謂的煩惱。

批評別人已經成為我們社會上流行的風尚，我們經常忽略了對事務的正確評估和審慎的評量，反而對人身攻擊和批評有了偏好。因此要想建立良好的民主制度和社會風氣，人民必須徹底的自我醒覺。

放棄自我肯定

當一個人發覺自己有一個不好或無能的我相時，他開始要逃避自己，放棄自己。因為他不敢接納自己，不願意接受自己。正因為他放棄自己，而使自己面臨著一個虛空和落寞的空心人。他既不能對他的生活說一聲是，也不能說一聲不是。他虛空了，無根了，這與唯識論所說的「無記空」是一樣的。

有許多人，他們既無正確的人生目標，又好逸惡勞，他們失去了價值判斷的能力，失去明辨是非的道德能力，生活在隨波逐流之中。一個無所是事的人，不但容易掉墮在吸毒和麻醉的淵藪，同時也很容易受到誘惑而誤入歧途。

放棄自我肯定的空心人是寂寞的，是悲哀的，是無生機的。他們好像陷在荒漠之中的無奈旅者，正等著別人去救援他。

放棄自我肯定的人，往往對生活的希望和光明面缺乏認識，同時對可能重振精神生活的希望加以抑制，所以才會死氣沉沉，依然故我。他們缺乏自信中流露出來的快樂和朝氣，更沒有抗拒誘惑的力量，特別是在缺乏定見及猶疑不決的心態下，一步一步地走向黑暗的人生。因此，每一個人都需要醒覺，只有透過醒覺的過程，才可能有一個平靜光明的肯定性。

侵略性

放棄自我肯定的人顯然是我相受到嚴重的傷害，因此他逃避自己，無法肯定自己，甚至連表示自己的意見和抗拒任何壓力都會有困難。相反的，另一種人則過分的執著己見，只要稍稍與別人有摩擦，便可能產生強烈的反應，採取攻擊與暴力手段。由於他懷有過分的敵意，因此容易攻擊別人、傷害別人。他們攻擊別人的方式並不限於動粗，有時是在態度上表現得咄咄逼人。侵略性強的人，總是希望別人聽他的，受他的指揮，甚至喜歡屈辱別人。

侵略性強的人，有時會把我相加以偽裝，他們自以為表現得謙虛和藹，但事實上卻表現得主觀專橫。他們沒有心情聽別人表示意見，總是在別人還沒有說完前，他的意見已經像排山倒海一樣出現，要別人接受它。

人際關係上的紛爭，社會暴力事件層出不窮，看起來似乎是為了嚴重的事端爭執。但是如果抽絲剝繭去分析，他們把事情鬧大的原因，是因為彼此都有著侵略性，都是為了一個虛幻的我相，迷失了清醒處事的態度。

侵略性很容易引發暴力，它是人類處理事端最原始的方式之一。暴力與攻擊使個人失去理性、自我控制。它否定了生命，也否定了人類精神生活賴以蓬勃的倫理。

在佛陀的教誡中，慈悲與戒殺是倫理的重心。佛經上揭示著眾生平等的基本法則，這種生存平等及對生命的尊重，不只是對人類而言，而是包括了所有的有情眾生在內。這種民胞物與的觀念，不但表現了博愛，也顯示了精神生活上「無緣大慈」與「同體大悲」的崇高理念。

醒覺是精神生活的出路

我相是人類互相競爭和對立的起點，它使我們彼此之間有了疏離和敵意，也使得自我分割成互相矛盾的現實我和理想我，從而導致焦慮不安和苦惱。

自我的醒覺表示一個人從現實我和理想我的刻板印象中解脫出來，打破了我相，解脫了它的枷鎖。這時他的真我——菩提自性，真正發揮了它的光明性，實現了智慧的大用。我相的我就是「小我」，破除了緣生的我相之後的真我就是「大我」。

執著於我相的小我，即使行善布施，也是有所求的，有所執著的。從我相中解脫出來的人，他沒有行善的觀念，卻有行善的事實。唯有用真我去立身處世，才有所謂無所住而行於布施的功德。

依般若自性放曠而行，能包容，心如虛空，所以能辨善惡而不執著於善惡，能功行圓滿而不據執為我有，所以自在無礙，是大菩薩所具有的光明自我。

我們生活在感性文明的社會，這個社會有它特有的文化型態。我們不可能把佛教原有的生活方式，強套在現代人的生活裡頭。如果這麼作，學佛必然會起障礙，生活適應也就有了困難，這又是陷入一個學佛者的我相牢籠之中。

自我的醒覺就是要引發現代人學習佛法，起自性般若觀照，適應現代生活。一方面發揮自己的潛能，過成功的生活，做一番世俗的事業，服務社會。;另一方面，知道一切我相、人相、眾生相、壽者相都是假相，要放開相的纏縛，才有著清涼自在的性靈生活。

我們總以為人世間的一切是永恆的，但事實上有如幻夢泡影，《金剛經》上說：

一切有為法，
如幻夢泡影，
如露亦如電，
應作如是觀。

這段經文是《金剛經》的結論，它的旨趣就是要我們從一切相中解脫出來，做到自我的醒覺，發大智慧，行大慈悲。這時，無論在生活、事業、精神生活乃至生命之終究圓滿，同時具足，那就是光明的毘盧自性，也是世出世間法兼修、福慧兼具的不二法門。

我們的社會正在快速的變遷之中，舊的社會規範漸漸失去它的約束力量，自由與縱慾之間分不清楚，創造與標新立異含混不清，自私與公益之間更是難辨。我們所能看到的是一個嚴重執著在我相的社會性格，因此社會上普遍出現不信任和猜忌風氣，彼此間交相爭利，情感上的各自封閉，正是我們社會的嚴重現象。

我們都希望建立一個民主開放的自由社會，讓每一個人能實現他的潛能，做到眾生平等；讓每一個人都能肯定自己生活的豐富意義，得大自在。但是，我們目前正面臨一個十字路口：往自我醒覺的方向去努力，便是康莊大道；執著於我相的自私、偏見和自我封閉，就是一個危機四伏的坎坷之路。

因此，自我醒覺是現代人精神生活的出路，透過自我醒覺才有真正的智慧與創造性生活；從我相的束縛中解脫出來，才有性靈的自由和真正的自在感。

貳

意識與業力之淨化

佛法

由假說我法，
有種種相轉，
彼依識所變。
此能變唯三，
謂異熟、思量及了別境識。

——《唯識三十頌》

釋義

以因緣來研究「自我」的性質，
會發現它不斷受意識和業力所牽引，
表現出種種我相的變化，
造成情緒、情感和慾望
表現出各種行為。
牽引自我變化的動力就是：
潛意識中含藏
業力遷流不息的阿賴耶識、
價值取捨分辨挑剔的末那識、
和知性歸納思考的了別境識。

一個人的精神生活狀況及生活適應能力，取決於他的意識活動。唯識家認為意識的活動就是一個人生活的全部寫照，所以說「萬法唯識」。除了識的變化之外，沒有什麼本有的人性可言。因此意識如果流轉成我執，把我相當做實在，執迷其中，成為自我中心的意識觀念和價值取向，就會產生許多煩惱。這些煩惱包括貪婪、瞋怒、看不開（癡）、自大（慢）、猜疑、嫉妒、小氣、空虛、懊悔等等，而造成心理壓力、緊張、焦慮等現象。它障礙了身心的健康，影響精神生活，妨礙心智的成長，這就是唯識學上所謂的煩惱障。

另一方面，如果意識所吸收的生活經驗，經過歸納成為知識、道德、價值理念、智能等等，把這些東西視為絕對的真理，產生法執，而導致排斥新知的頑固知見，變成抗拒學習（resistance to learning）的態度，反而障礙了智慧的開展，在唯識論上稱它叫所知障。

人類如果想要生活得快樂愜意、自由無礙，就必須排除由我執所引起的煩惱障；如果想使自己的智慧不斷增長，就必須伏斷所知障。而這兩個障礙，都受我相的干擾。因此，如何從我相之中解脫開來，發現真我，成為佛法上非常重要的課題。唐朝玄奘大師所述《成唯識論》開宗明義的大義是：

由於我執和法執才產生煩惱障和所知障。
若能證入空的妙義，
障礙自然能夠破除。
破除兩種障礙可以得到兩個珍貴的碩果；
藉著伏斷煩惱而得解脫自在，
藉著破除對知識的執著得大菩提。

以上所說的煩惱障和所知障，都是我相流轉出來的意識作用。通常意識的作用可分為兩個部分，一部分是由外在環境的刺激所作的反應，它是透過我們的感覺器官所輸送的資訊，經過整理之後所產生的意識。另一方面是由內識自己所引發的意識。人就是生活在這川流不息的意識之流中；有時我們感到快樂，有時感到悲哀；時而有絕望，時而有理想；忽爾想到善惡，忽爾想到是非；有時傾向執著於有為的造作，有時傾向於無為的自然無思。於是意識的流轉像是一條河流一樣，不斷地向著未來流去，而煩惱障就像是湧的激浪，所知障就像淤塞河床的淤泥，以致於河水不能導向正常的流向。

接著我們要討論煩惱障到底是怎麼形成的，它給我們帶來的心理生活現象是什麼，如何才能解脫這些煩惱障，得到玄奘大師所謂的「滿分清淨」、「利樂諸有情」，而過大自在的精神生活。

煩惱障——了別和思量兩種意識所產生的困擾

我們的生活是內在的意識和外在環境互動的作用。環境的種種刺激經過我們感官的處理，歸納成許多訊息，這些訊息經過意識的作用而分類、歸納，產生了經驗；它包含知識、情感和情緒，這些內容又成為意識的一部分。因此，意識的範疇與日俱增，它的作用也愈精細複雜，而主宰煩惱障的情緒也就愈來愈多變。

人類透過認知的作用，來處理事事物物。認知雖然是一種智能的作用，但是在認知的同時，必然連帶牽動了情緒的意識活動，於是認知受其左右，所收到的資訊失去正確性，甚至發生了扭曲。這時根據不正確的資訊來處理事物，自然得不到中肯的回應而產生煩惱，它再度產生情緒化，又一次儲存在自己的意識裡。來來回回的重複，是造成焦慮和心理疾病及不良適應的主要原因。

情緒通常是由於分別是非、美醜、高下、好壞時，自己同時起了好惡或喜怒哀樂的激動狀態。從《唯識三十頌》中可以看出，情緒也是一種動能的變數（能變），它是從區別與分辨中衍生出來的。

情緒伴隨著我們的感官及認知活動出現，它成為干擾的變數，影響一個人的工作效率、精神生活及身心健康。為了使自己生活得清醒自在，能夠實現自己的潛能，過具有創造性的生活，就必須伏斷負面情緒這種煩惱障才行。

情緒影響我們的思考、判斷和生活適應，比如說甲男和乙女一向感情很好，甲男邀乙女去郊遊被拒絕，而乙女事後與丙男一起外出。這個情境對甲男而言，一方面產生認知的心智活動，另一方面也引發了情緒的激動狀態。這時甲男的反應要看情緒對認知作用干擾的情況而定。

倘若甲男具有平靜的情緒，他的認知作用比較清楚，這時他會想：我被拒絕了，實在很不幸。現在他就會去了解一下：為什麼我會被拒絕？如何才能爭取她的了解和接受？或者如果再不能被她接受，那麼她可能與自己在興趣、個性和價值觀念上不同，我沒有什麼好抱怨的。我可以再找一位朋友，或調適自己，建立相稱的友誼。能作如是想，煩惱障即刻降到最少，所以我們稱這種想法為正念。正念的行動包括以下兩個特質：

●可能促進心情的愉快和心智成長；消除了痛苦，解脫了煩惱，並有助於問題的解決。

●這個念頭具有可行性和有效性。

反之，如果甲男受到情緒的干擾，產生了「邪念」，就可能有了非理性的想法：我被拒絕、被遺棄了。這實在下不了台，沒有面子。這時具有侵略性的人可能採取暴力性反應；對於一個自卑的人，則會演變出一連串的不合理幻想，例如「沒有女孩子要接納我」、「她們可能認為我成績不好，個子太小……」，或者想著「要是我有個好的職位或工作，收入高……那就好了。」最後，自己認為自己無能，因而絕望喪志。

這種邪念有兩個本質：

●可能毀壞心智的不斷成長和喜悅清醒的態度，帶來痛苦。

●引起一個不切實際或沒有價值的想法，虛擲光陰，並引起一連串的悲怨和壓抑。

我們處理生活上的種種問題，大抵運用自己過去的經驗和所學來的知識技能。每個人從小到大，學到的知識經驗非常豐富，而且是多方面的，是綜合性的。但是在運用的時候，總是被情緒所引起的態度和價值觀念所牽引。因此，情緒本身似乎是左右意識，或扭曲意識活動的一種力量。

此外貪、瞋、癡三毒也是煩惱的根源。貪顯然是一種不能知足的慾望，它引導一個人強迫自己不斷去追求。瞋是不知足時，由挫折感而產生的惡劣或敵意的情緒。癡是一種強烈的自我中心和對物的迷戀。這些由「心所法」所產生的意識活動，使人無法過愉快喜悅的生活。

為了要使自己能從煩惱中解脫出來，在意識活動上，必須把情緒、貪婪和執著揚棄，讓自己有一個清淨的心理狀態，把那些屬於妄情的假相加以淨化，透過空的訓練，把它放下。《成唯識論》中說：

> 實我實法，都無所有，
> 但隨妄情而施設故。

我們每天執著於自我意識的活動，把它誤以為是如如實實的「我」，那是錯誤的。那些都是虛妄的情緒引起的意識活動而已，如果我們被這些虛幻的東西牽著走，必然有很多的煩惱和痛苦。

當我們把妄情放下時，會是怎樣的呢？我們發現自己能夠清醒地感受，真正回到自由的心智，有了正確的認知和信念。為了要達到這個目的，必須透過以下幾個途徑來改變自己：

- 第一，正確地認識自己虛妄的情緒作用，避免作繭自縛。要修正一下僵化的生活觀念，並以歡喜心去接納生活，請注意！煩惱與困擾來自妄念。
- 第二，清醒的意識，不但是要能接納自己，而且要學習突破自己生物學上的特質和自我成見的限定。這樣才可能有真正的自由與適應生活的智慧。
- 第三，淨與覺使自己與別人之間存在的障礙得以消除，從而建立和諧氣氛和相互接納的態度，同時感受性也跟著提高。
- 第四，透過重新學習，能使自己生活得更清醒、更豐足、更能實現人生的價值。重新學習必須克服心理上抗拒學習的潛意識傾向。

●第五，生活的本質就是要接納不可避免的錯誤和有限性，能了解到這一點，虛妄之情就可脫落。接納使一個人勇於面對現實，敢於迎接挑戰。

以上我們從唯識論所謂的「了別能變」，探討煩惱障及其解脫的方法。現在再就「思量能變」來討論煩惱的根源。什麼叫作思量呢？那是一個人執著於我相，透過自我中心的態度，對意識活動所產生的變化。思量能變所產生的煩惱，最主要的有四種，即自我迷戀、偏見、傲慢和貪愛。《唯識三十頌》上說：

次第二能變，是識名末那，
依彼轉緣彼，思量為性相，
四煩惱常俱，謂我癡我見，
並我慢我愛，及餘觸等具。

自我概念就是一個人的我相，有了我相就會執著於我，而產生比較、思量、對立、競爭，於是衍生出許多煩惱。這些煩惱，比起由「了別能變」所產生的煩惱，似乎更為難解、更為嚴重。人為了維持自己的尊嚴假相，幾乎什麼事都會做出來，甚至還要按上許多冠冕堂皇的名義，去達到他的目的。

人類的戰爭、仇殺、報復等暴力，大部分來自我相的執著；而情緒上的困擾、情感上的障礙，也都是我執所造成的。在生活之中，所見所聞，所感所思，都經過自我中心的意識作用。因此，它正是心理學家們所謂的價值性自我（valuing oneself）。

我們不難發現，許多人事業失敗了，為了顧及顏面，所以要編出一套說辭來辯解，最後不是命運不好，就是時機不對，他自己一點過錯也沒有。辯解的結果，使自己不去面對事實，不去「避免錯誤，勇於改正」，一直沒有辦法看透失敗的關鍵，以致無法獲得成功。

心理分析學家弗洛姆（Erich Fromm, 1900-1980）對人類性愛與性格有過精闢的分析。他認為，性本來是一種兩性間愛與傳宗接代的自然行為，但是當它被我執干擾了之後，性愛這種天真單純的兩性活動，就變得複雜化了。由於許多人把性當做男人的尊嚴，為了表示自己有丈夫氣概，所以害怕不能表現出自己期望的標準，而產生焦慮和煩惱。這時，性愛的單純活動消失了，愛也沒有了，剩下的只是一堆與本質相反的煩惱。性生活所以成為許多人的苦惱，就是有了虛幻的思量。

在民主社會裡，競選是一種正常的政治活動，但是許多國家，則在競選之後發生派系的傾軋和動亂。其實動亂的背後，一定有一個虛幻的我相在作祟，也許是一個人，也許是一個集體的我相。

此外，個人的心理衛生情況與我執所引起的自我批評和評價也有很大的關聯。慾望太高，對自己的現況就有了不滿，於是就自怨自艾，生活變得沉重而苦惱。一個自我抨擊、苛責自己的人會產生以下幾種現象：

- 生活得不快樂。
- 失去信心，以致不能勇於嘗試新的努力。
- 不能接納自己，以致心理失去平衡。
- 花了太多時間責備自己，不但干擾追求成功生活的心志，而且帶來消極的情緒生活，使生活與工作更覺得乏味。

負面的自我評價往往會危害心理健康，人若認為自己比不上別人，就很容易感到前途渺茫，頹氣喪志，並且會找出許多藉口來逃避自己應有的努力。另一方面，透過自我評價的意識活動，也會產生求名求地位的強烈慾求。人若不能落實在自己的工作和生活，去努力實現，而斤斤於矯俗干名，總要脫離現實，或者構成心理生活上的強大壓力。一個藝術家如果專心從事作畫，他一定很高興，而且會不斷地改進，獲得進步。如果一心一意想求得名氣，作畫就變成了他的負擔，心理壓力增大，甚至不得不找理由打退堂鼓。

當然，我們也不是絕對不能對自己作評價。事實上，正確的評價有助於自我接受。正確的自我評價能給自己訂一個安全的標準，那就是「我覺得很好」。我之所以覺得很好，不是因為我什麼事都做得恰如其分，也不是因為別人對我讚美，而是因為我現在活著，能接納並享有生活的喜悅、神聖和莊嚴。因此，自己完全接納自己，能在有生之年，生活得喜悅自在。

我們不必追問自己的價值是什麼？別人對自己的看法如何？我們卻能問自己有哪些特質，如何發揮這些特質，使自己生活得充實、有意義，並成為社會上依存互利的一分子。每一個人能力不同，興趣不一，身心特質也各異；每一個人都很好，都是平等的，都在過實現的生活，獲得喜悅和滿足感。在《楞嚴經》觀音圓通章中記載著：觀世音菩薩依照每個人不同根性與本質，適應個性說法，使每一個人都能自我實現，獲得圓滿通達的人生（證圓通）。

人之所以覺得好，覺得有意義、有價值，是因為他活著，能實現自己的潛能。因此，我們不能以自己能力差、地位低，或收入少而評斷自己不好。生活的本質是：所有現象的東西，都是由五蘊假名而成（色、受、想、行、識稱為五蘊），最後終究是要空壞的。只有如如的生活實現，證入精神世界的圓滿果位，才是最終的目的。這正是唯識論中，要闡明破我執和相執（即二取隨眠），伏滅煩惱，過實現生活，以成就圓成實性的本義。現在我們要問：怎樣才能轉識成智，過實現的生活呢？它的方法是：

- 把唯感的慾望和經驗，透過戒律及昇華作用轉變成有意義的生活，那就是成所作智。
- 把思考的意識、比較和批判的內省過程，轉化成為明辨是非，明白善惡，但又能不執著於是非善惡而產生情緒反應，那就是妙觀察智。
- 承認每一個人的根性不同，彼此不能比較，每一個人都應根據不同的本質去實現。而實現的圓滿與喜悅是相同的，所以眾生平等，都能透過醒覺而成佛，是平等性智。
- 徹底淨化自己，從潛意識中解放出來，真正實現自己，自度度人，而能行果圓滿，那就是大圓鏡智。

我們透過自我的醒覺，把意識轉化成智慧，那就沒有煩惱，所以稱為無漏。《唯識三十頌》最後一頌說：

此即無漏界，不思議常善，
安樂解脫身，大牟尼法名。

到這個境界，已是不可言傳的不思議境界，那時已從煩惱中解脫出來，《楞伽經》上云：「妄想識滅，名為涅槃。」入於清淨圓滿的實性，那就是「大牟尼」，就是最上的寂淨圓滿。

所知障——法執的意識阻礙慧性的開展

菩提就是人性的光明面，有了它我們才可能過創造性的生活。菩提就是唯識家所謂的如來藏，是最根本的智慧所在。因此，如果這個智慧的本體被所知的知識和意識活動障蔽了，光明的智慧也就不能發揮作用，而發生愚迷無明，失去良好的認知和領悟力。

一個人有了煩惱障，很自然地也會發生所知障。在日常生活中，我們的認知活動會受情緒與情感因素的干擾。情緒或情感一旦激昂起來，智慧很難發生正確的認知。比如說，我們有了自卑和不安，就希望別人對自己好，相對的自己也想討好別人。討好別人的人，心中有了特別的居心，當然不可能有公正的判斷，不可能心平氣和，不可能有如如不動的平靜。

通常我們很容易對知識產生執著，以為所知道的東西或知識都是絕對的，而把這些知識奉為真理。但事實上，那些知識並不是放諸四海皆準的，因為我們生活所面臨的就是一個變動不羈的「無常」現象，連我們的我相和意識活動也是生住異滅，沒有定法的。所以如果我們認為有一種絕對的真理可以救度自己，必然是一種虛妄。在《楞伽經》中記載大慧菩薩問佛陀有關一切法無常的疑問。佛陀在解釋時說：

大慧！何故一切法無常？

謂相起無常性，

是故一切法無常性。

生活本身就是一種無常，如果遵奉一種絕對的真理或救世主，我們的智慧即刻被它障蔽。

法執也是一種虛妄，一個佛教徒，如果把佛經奉為絕對的真理，屈從於它，甚至對它膜拜，不但不能成佛，反而把自己變成愚迷的凡夫。我們必須了解，佛經是用來啟發自己見性、發大智慧的工具，如果把這些工具當目的，豈不是本末倒置？在《六祖壇經》裡有一個故事，很能發人深省。唐朝的時候，有一位名叫法達的和尚，每天頌讀《法華經》（即《妙法蓮華經》），這部經是天台宗的主修經典），已經頌讀三千遍了。他自以為完全能記頌經典，功德無量，於是有些自負。有一天，他到曹溪去參見慧能，表現得有些傲慢，連見面行禮，都不夠謙和。慧能看了，知道他心中必然有了障礙，於是問他修習什麼功課，法達自負地說他專攻《法華經》的情形，後來經過慧能指出法執的錯誤，他才恍然大悟，拜慧能為師。慧能對法達說法時，有一段非常精采的偈子說：

心迷法華轉，心悟轉法華，
頌經久不明，與義作讎家。

無念念即正，有念念成邪，

有無俱不計，長御白牛車（即指大乘法門）。

生活的唯一真常就是無常，所以只有劍及履及地去生活，即悟即知即行，如果只是停留在言說和讀頌，說說好聽，自己不能實踐受用，一點用處也沒有，只不過是言說妄想罷了。

經典是用來開慧的，把經典完全的消化，融入於生活，在生活中發出智慧，就是見自菩提，就是完全的醒覺。所以佛陀說：

自覺觀察，不由於他，

離見妄想，上上昇進，入如來地，

是名自覺聖智相。

現代人讀了許多書，學了許多知識，是不是在精神生活上有了提升呢？很明顯的，從現代人普遍罹患緊張、焦慮、高血壓、失眠等等時代病來看，那些知識並不能解答精神生活的問題，精神生活必須由自己的悟力去解答，而不是定法或有為法所能回答的。佛陀在《楞伽經》上說：

> 採集業為識，不採集為智，
> 觀察一切法，通達無所有，
> 逮得自在力，是則名為慧。
> 縛境界為心，覺想生為智，
> 無所有及勝，慧則從是生。

精神生活沒有現成的知識可以借用，採集來的知識只不過是一種知性化的知識。因此，唯有通達一切法，不執著在採集死板的知識裡，才可能產生自在與智慧。另一方面，我們也不能被意識所欺騙，因為意識往往是一種內在的心境，我們只有從意識中醒覺過來，沒有任何成見和法執，真正的醒覺才能實現。

精神生活不是用知性的知識所能解答，更不是用邏輯的思考和推理所能了解，它是非知性的、非理性的。解答精神生活必須透過信、解、行、證，才能如實的實現。

現在我們要討論另一個法執的問題。那就是知與實踐的問題。精神生活的慧性，是由「空」而來，但如果沒有經過一番歷練與漸修，顯然不可能達到「行果圓滿」。因此，漸修成為精神生活所不能或缺的。

真正的「行果圓滿」是在不執著中實現一切萬德，是在無心之中成就一切萬行，那才是真正的圓滿。所以《成唯識論》把它分成五個步驟：

- 資糧位：注重修福，依自己根性去實現布施，學習忍辱，持守生活戒律，努力精進。這是走向醒覺的資糧。
- 加行位：側重修慧，以禪定、智慧為主修，調伏二取（即見取和相取），破一切有為法及法相，發空性智慧。
- 通達位：行大乘菩薩道，將資糧位的世間法和加行位的出世間法融通實踐。
- 修習位：伏斷煩惱障和所知障，能自由實現自己的生活。
- 究竟位：從障礙中解脫出來，出障圓明。

在實踐的過程中，《成唯識論》所說甚為繁雜，若予以簡化，即以力行六波羅蜜為最根本。

業力之淨化與實現的生活

在唯識家的眼中，八識裡有三個意識範疇，即了別識、思量識和阿賴耶識（亦稱異熟識）。了別和思量二識，都屬於我們能清楚察覺得到的心理生活內容，所以它與心理分析學上所謂的「意識」是相同的。至於阿賴耶識，所指的是意識的根頭或種子，是覺察不到的，所以它與心理分析上所謂的潛意識極為相近。唯一不同的是阿賴耶識在佛學上的解釋，比心理學的範圍較為廣泛。因為它儲藏著業力，這些業力有的是在前世以前已形成，有些業力是今世才形成（此生的生活經驗）。而今世所思、所行、所造，也都會形成業力，存在阿賴耶識裡頭，成為潛意識的一部分。在佛學上，阿賴耶識成為輪迴的力量，同時也是解釋命運的根據，成為宇宙論和人生論的理論基礎。

心理分析學對潛意識的解釋，各家也有不同。佛洛伊德（Sigmond Freud, 1856-1939）認為：潛意識主要儲存的是非理性的心理生活內容。它是非理性的本能被潛抑為潛意識之後，不被察覺的部分。榮格（Carl Jung, 1875-1961）則認為潛意識是智慧的最深淵，而意識則為人類知性的一部分。至於弗洛姆則認為潛意識是一個人被社會條件形成的過濾器排除掉的心理生活內容。因為它不見容於意識所形成的既有規則，所以被壓抑到潛意識裡頭。它的內容包括智慧、慾望、情感等。弗洛姆所謂的過濾器，是指語言、社會規範、價值觀念、文化現象及禁忌等，這些條件，都屬於唯識家所說的所知障和煩惱障。這些障礙，使許多心理生活內容被排擠於意識之外，成為潛意識，使我們失去察覺的機會。

語言邏輯是第一道障礙，比如說現代人都是應用實證邏輯的。這種邏輯的特色是先把內涵及外延劃開，先確定定義範圍。結果，在整個意識活動中，習慣性地把內涵之外的心理生活內容遺棄到潛意識，造成了掛一漏萬的現象。現代人已經養成了這種實證邏輯的習慣，所以生活空間變得狹隘，得失之心被思考過程中內涵與外延的嚴格劃分強化，人際之間的對立、競爭、斤斤計較，「有漏」煩惱因之而起。生活的本質，也由實現自己的特質，變成彼此摹仿較量；每個人似乎都要離開他自己的生活內涵，要去套上共同設定的枷鎖，這就是現代人心理生活狹隘化，覺得鬱悶的原因，也是心理上普遍發生不平衡的關鍵。

其次，我們的價值觀念也把生活內容窄化。我們重視的是名利，是擁有財富和頭銜，所以只有能引起我們注意的名利及其相關事物，才能引起我們察覺。至於清晨的陽光、天邊的一片雲、幾聲蟬鳴鳥啼，則被我們疏忽了。這種疏忽把生活的喜悅潛抑到潛意識裡，這就是現代人普遍不能生活得快樂的原因。

我們期待別人的讚美，追求成就心切，所以察覺不到許多成功生活的教訓，這些教訓被潛抑到潛意識裡去了，那是障礙我們創造力的原因。

同樣的，每一個人都有一個我相，當我們執著在自己的我相時，便把許多不符合我相的感情、生活體驗、思想和新奇的省察力排擠到潛意識裡，以致無法用意識來察覺它，而轉變成非理性的貪、瞋、癡三毒，這是一切煩惱的根源，也是心理健康受到危害的開始。

被抑制到潛意識的內容，我們是無法察覺了，但是它會變異，而以另一種姿態出現在日常生活的意識裡，干擾或影響我們的態度和情感。這些內容有的反應著智慧與靈感，有些反應出慾望和情感，在無意中影響我們的生活。有些影響也許對當時的生活有益，有些也許不利；而它的影響力大得驚人，所以有人說：潛意識簡直就像一個人的命運。

唯識家對阿賴耶識的說法是，它由於無明而引起，無明就是不醒覺時造下的妄念與惡業，也就是說，當我們失去醒覺的能力時，我們才把那活生生的生活體驗，經由妄念的扭曲而抑制到潛意識裡頭。因此，在累世以來我們一直因迷造業，才種下業力種子，這個含藏業力的潛意識，既然是不能覺知的，因此它以干擾的方式影響我們的生活。《唯識三十頌》對阿賴耶識的詮釋大意是：

- 在不同時間以不同的方式變異出現。
- 在不自覺中影響意識活動。
- 經常干擾觸覺、注意力、情感、想像和思想，而影響心理活動。
- 本身沒有喜、怒、哀、樂，無善惡，無知覺。
- 會相續流轉，由愚迷的生活而造業，業力又回過來影響生活，像一條大河一樣滾滾地向前流去。

我們的日常生活，不停地受到阿賴耶識的影響。由於它是內在心理活動的一個因，所以當外在環境發生相應時，即刻引發互動，產生了所謂的因緣。這就是唯識家所謂的引業，它引導一個人的情感、判斷、認知及情緒反應等等，一般人把這種現象稱為命運，它支配著人的一生。

阿賴耶識的主要內容有二：其一是被壓抑的意識素材、情緒和慾望，它是執著在我相所發生的業力。其二是與生俱來的業力，它是累劫以來所薰染的習氣。阿賴耶識是一個複雜的集合體，記憶的棄置場，個人心理活動的動能，心理現象的變化系統，被遺忘的心理世界，同時也是個人行為的主宰。

阿賴耶識中也同樣保有共業，那就是文化現象所產生的集體潛意識。阿賴耶識當然也含藏著創造力，這些創造力沒有被引發實現出來，也會扭曲變形，成為一種心理障礙的勢力。

現在也許你要追問，是不是我們把潛意識轉變成意識，就能從中解脫它宿命論的干擾呢？從唯識家的觀點來看，答案是可以肯定的。然而，問題的核心則在於如何去行動，如何把潛意識中含藏的業力釋放出來，把這些唯識相轉變成智慧。

關於這個問題，《成唯識論》把修行的步驟分成五個步驟，即資糧位、加行位、通達位、修習位、究竟位。這五個步驟如果加以歸納，可分成兩個行門。第一個修行法門是有門，它就是依自己的根性因緣去實現，在自利利他之下，植眾德本。每一個人都應該根據自己的根性去發展，去實現潛能，把阿賴耶識含藏的業力，透過八正道的引導（即正見、正思、正語、正業、正命、正精進、正念、正定），發展成世間法的福德。由於每個人業力不同，實現出來的人生也就不相同。每一個人彼此不同，談不上比較，所以每一個人都是尊貴的，誰也不應自我否定，抑制自己，這樣就能把阿賴耶識中的業力實現出來。這實現本身就是一種自由，一種喜悅，一種無上的福德。

人只有在相互比較時，才會放棄自己的根性因緣，不去實現自己的潛能，把自己變成別人，繼續抑制自己，而造成緊張和焦慮，繼續造業死纏著自己。當我們把業力化為生活的實現時，我們要把這些成果拿來跟別人分享，所以「布施」波羅蜜成為實踐倫理之首，它是給予、奉獻和博愛。

也許我們把業力實現出來之時，會被境牽、被誤導，所以我們必須具備生活紀律（戒律）。生活紀律的用處不是在自我抑制，而是在導正自己，使業力實現成為事功，奉獻為博愛，從而獲得能量的釋放，獲得解脫和自由。但是這樣還不夠，因為那還沒有真正把自己引導上最高的精神生活層面，這時就有了念佛法門。這個念佛的功課，不但為自己種下佛的因子，同時還可以仗佛力的感應，而提升自己的精神生活。

有門的修持法本身就有可能再造業，所以又有了第二個修行法門，那就是空門。空就是放下一切妄想、一切執著，讓自己生活在純淨的清醒狀態。有了空與淨的修行，就可以在「真空妙有」中福德功德兩面圓滿，這才能免於只修空門而造成「無記空」的空業。

有和空兩個法門，就是精神生活的兩輪。修行者必須在實現生活與依空修慧中，得到真正的解脫，那才是真正的空，真正從潛意識業力中解脫出來。單單修空的行者，即使能修到「無想定」的境界，但一出了定即刻又受過去業力的影響，再度妄想，所以說「出定還想」。他們即使修到昇天，到無想天，五百大劫都無想心，報業命終，仍然要隨先造業，還入輪迴。

所以，修行的法門，是在生活的實現中修空門，這就是真正淨化業力，把第八識阿賴耶識予以淨化的法門。所以說六波羅蜜（布施、持戒、忍辱、精進、禪定、智慧）可以含攝空、有二門，可以包含三十七道品的精義。也正因為如此，六波羅蜜成為修行的根本法門。它能引導一個人從抑制的、焦慮的、妄想的、愚迷的此岸，走向光明的、自在的、醒覺的彼岸。所以真正的生活實現是真空妙有，是福慧兼修，是喜悅自在，是圓滿的醒覺，也是真正的空義。在《解深密經》裡頭，佛陀說：

善男子！

一切法者略有二種，
所謂有為、無為。
是中有為，非有為非無為，
無為，亦非無為非有為。

很明顯的，這段話就在闡述「真空妙有」的玄旨。一味的執取於有，在知性發展上，就會產生成見或刻板觀念，而成為所知障；在情性的發展上，就會有許多的苦悶，形成了煩惱障。前者屬於「見取」，後者屬於「相取」，二取一旦發生，無論修的是空門或者是有門，都要發生障礙。

人在自我實現時，把自己的根性因緣透過轉識成智，化為服務社會的光明德性，這看來屬於「有門」，但是就潛意識而言，其業力釋放、淨化了，所以也是「空門」。不過，當我們實現為名、利、財、貨、知識等等現象時，即刻又面臨一項考驗：有些「色相」是令人歡喜，具有強大誘惑力的；有些色相是令人厭惡的，會引起反感和挫折；有些色相則令人癡迷難以自拔。所以在實現的過程中，我們很容易墮入執著的陷阱，起了貪、瞋、癡三毒，再度動念造作，薰染造業，那時又要回去生生不息的輪迴，無從成就正等正覺。

於是，這時必須要修定、修慧，以空觀來看待這些世俗過眼雲煙的成就，以止觀來對治一切執迷，如此產生了「中道義」，實現了大乘菩薩行，那就是所謂的「摩訶衍」了。在《維摩詰所說經》裡，佛陀對眾香世界菩薩說法時說：

> 盡、無盡解脫法門，汝等當學，
> 何謂為盡？謂有為法。
> 何謂無盡？謂無為法。
> 菩薩者不盡（不放棄）有為，不住（不執著）無為。

所以實現時必須同時醒覺，這樣才可能完全把本有的業力，透過轉識成智實現出來，濟度眾生，又修淨定，而過圓滿的生活。人類只有透過這層努力，精神生活才得到成長的資糧，成就一切世出世間法，而又入於正覺寂滅的涅槃，入一真法界，參十方諸佛，與十方諸佛同遊。這種實現的生活即是成佛及證入十方諸佛淨土的不二門。《大般若經》上說：

因緣不異本性空，本性空不異因緣，

因緣即本性空，本性空即因緣。

在《大般若經》中，把因緣所生法的「有」和本性「空」，連結成一體的兩面，而結合這兩面的力量就是六波羅蜜。

實現的生活即是大乘佛法對精神生活所提出的解答，它是福慧雙修的，是徹底解脫的，是最純淨的淨法。能依六波羅蜜去實踐，過實現的生活，再配合念佛法門，必然往生淨土，得上品蓮華之果位。

叁

從醒覺到實現的生活

佛法

若見無為入正位者，
終不復能生於佛法，
煩惱泥中乃有眾生起佛法耳。
又如植種於空終不得生，
糞壤之地乃能滋茂……。
是故當知一切煩惱（實現的生活）為如來種。

——《維摩詰所說經》

釋義

若把消極的厭世當做成佛的正道，
將永遠不可能悟入佛法的甚深了義。
我們必須認識，
煩惱和辛勞是菩提的素材，
好像花木需要腐質的泥土一樣。
如果我們把植物種在虛空中，
就永遠不能生長茁壯。
把它種在糞壤裡頭卻能滋長繁茂……
所以當知一切煩惱和辛勞，
能砥礪我們見性，
煩惱即是如來的種子。

依唯識家的看法，人只有從潛意識業力中解脫出來，不再被它緊緊束縛，不再無奈地被它牽著走，才可能生活得自在圓滿。為了要達到這個崇高的目標，就必須把業力的種子引現出來、實現出來；其中善的部分，讓它自然的流露，至於那些足以引發障礙的慾望和本能，則必須透過轉識成智的功夫，經過昇華而實現出來。所以實現成為生活的中道義，也成為生命的唯一的、崇高的出路。透過生活的實現，成就了天台宗所謂的「一切種智」，表現了意義豐富而又純淨的生之智慧。它是圓滿的、自由的、實現的。

我們不可能用壓抑潛意識中業力的因子，而成就正等正覺。我們更不可能縱容野性的原始慾望，而獲得良好的精神生活。唯一的出路是生命的實現，它是善良本性的流露，也是慾望的昇華與創造力的實現。它透過醒覺的修行與砥礪，真正地實現了生命之光，把自己提升到高層次的精神世界，那個大乘菩薩的胸襟和救苦救難慈悲的行動者。

上述的菩薩行代表了生活的實現，但就整個精神生活的提升過程中還沒有證入究竟的圓滿，而必須在實現之後，從禪定中脫胎換骨，證入空諦，那時才大發智慧，得大自在，證入一真法界。所謂「無緣大慈，同體大悲的襟懷」的佛性，才完全的流露出來。

現在我們要討論前半段「實現的生活」。這是大乘菩薩行的階段，也是世俗生活得以提升的過程。它的第一個本質是醒覺。因為我們生活在多慾多刺激的環境下，如果失去覺照，根本就不可能過實現的生活，更遑論實踐六波羅蜜，實現大乘菩薩行了。在《解深密經》中佛告慈氏菩薩說：

善男子！
當知菩薩法假安立，
及不捨正等正覺願為依為住，
於大乘中修止觀。

這意思是說要實踐菩薩行，除了過實現的生活之外，還要具有醒覺的心志，時時審度覺察，才可能使心靈純淨，從覺照中發出智慧。醒覺是修止（清淨心）和觀（審思觀察的智慧）的重要條件，所以要經常心懷醒覺。

醒覺是對精神生活的徹底醒悟

每個人的業力不同，稟賦也各異，因緣有別，生活的經驗不同，所以表現在體能、興趣、資賦、性格及態度上都不一樣。因此，如果對自己一無所知，或即使有所知而不願意接納自己，不以自己的特質為價值，不能肯定自己布施貢獻就是生命的實現，那麼他就注定要壓抑自己的潛能，追求別人的肯定，使自己陷於造作、焦慮和煩惱。

佛法的偉大目標就是要一個人能接納自己、實現自己，獲得性靈的自由。人只有能按照自性因緣去生活，別無攀緣虛幻，才是徹底實現了「空」的本意。佛法在於喚醒自己，找到自己，毫無造作地生活，別無染著，那就是空的本義，也就是從自我的醒覺中找到生活的答案。

然而，由於現代人生活在資本主義的文化體系下，把財富、權勢和名利當做生活的答案，而對於自己的精神生活卻一無所知。每一個人為了享受，為得眾望，為了比別人多、比別人強，得到羨慕和恭維，無所不用其極地出賣自己，而把自己當做商品一樣加以包裝。希望獲得別人好的評價，期待出人頭地，出類拔萃。顯然，大部分的人不是為著生活而生活，而是為了一個虛名而生活，沒有享受到實現的豐足而喜悅，得到的只是一些疲乏與困頓。這正是現代心理學家所擔憂的精神生活的災難。

生活迷失了方向，每個人都在追逐物慾和佔有，都在迎合他人的需要，野心勃勃，內心又是那般緊張和敏感。股票市場上一張張忽而狂喜、忽而憂鬱操心、忽而緊張、忽而狂歡的面孔，他們為的是什麼？很明顯地，他們是為了經濟效益，一種可以誇耀和享受的物慾。人就是為了誇耀和物慾，而否定了恬淡豐足的精神生活，遺忘了自己要去實現的生活本身。這只是一個例子，事實上，在我們的社會裡，大部分的人已經與實現的生活疏離，許多活動都違背常理發展。比如說我們的教育是為了升學和考試，是為了學位和榮譽；相對的，在人文和生活教育上就疏忽了。我們並沒有好好地教學生友愛，卻在教競爭；沒有教他們欣賞生活，卻縱容他們的物慾；沒有培養互信，反而教他們處處計較。教育在功利價值下，完全否定了陶冶性情、欣賞生活，及做一個清醒的人的正當職責，我們迷失了。

經濟方面，商業行為已經走上只顧利益而否定生活的局面。炒地皮、操縱物價、污染、破壞生態等等隨著經濟的發展而日趨嚴重。現代人努力的結果是肚子脹死，精神餓死。只要有經濟利益可得，其是否對生活有害，是不加聞問的。

當我們只顧利益而罔顧自己的袍澤，只為了自己一時之快而破壞子孫生活的生態環境時，我們已經失去了慈悲，失去了精神成長的可能性。這種心態繼續下去，人與人的親密與友愛關係將受到破壞，精神生活的生態失去平衡，每一個人都生活在孤寂乏味的生活窘境裡頭，在精神生活方面即刻有了難題。

所以人必須從許多物慾中醒覺過來，真正為生活而生活，而不是做一個物慾和經濟效益的奴隸。現在也許你要追問，什麼是醒覺？有什麼線索能引導我們走向醒覺之路？這是很重要的問題，以下首先討論醒覺的本質。

了解自己．接納自己．實現自己

每個人都有自己的根性因緣，人們的稟賦、習氣、性向、興趣和能力各不相同，人格的特質更是不一樣。每個人都有他的長處，也有他的限制。而生活的意義就是要了解自己，發揮自己所長，肯定自己的興趣和能力。人唯有透過自己的本質去實現，才會感到意義豐富，才會感到得心應手，生活得快樂。

潛能的實現，表示人能把潛意識中的許多創造力發揮出來；透過實現而化為慈悲的布施，透過實現而淨化潛意識中的業力種子。所以一個人能依照自己的根性因緣去生活是一種幸福，也是大功德。

然而我們的社會過分強調功利的價值觀念，彼此之間由比較而導致強烈的競爭，結果生活的實現遂演變成壓抑。乍看之下，生活似乎很充實、很忙碌，但實際上，他們所做的工作與活動，則往往與自己的本質相矛盾，這種現象是現代人普遍罹患緊張、焦慮和憂鬱的原因。

不能接納自己也會造成精神生活上的潰敗。每個人除了自己的優點之外，當然也有缺點，這些缺點必須接納它、容忍它，把它當做自己的本質。有些人先天有了殘障，有些人面貌長得不如別人清秀，有些人書念得不如別人好等等，這些是既存的事實。事實就是事實，只有接納它，自己才會快樂起來。任何一個人只要活著，一定有其潛能，有他存在的價值，他必須去實現那些價值。

了解自己的優點和潛能，好好去發揮，把它化為慈悲的功德。了解自己的限制，接納它，把它當做自己本質的一部分而予以承擔。這樣就是不造作，就是無為，無所住。更確切的說，就是平直心。

這個社會需要各種不同才能的人，需要工程師，當然也需要泥水匠，更需要士農工商各種人才。他們對社會的重要性相同，沒有尊卑貴賤之別。每個人都能根據自己的根性去實現，那就是「成所作智」。每個人都不與別人比較，而成就自己，布施給社會，其功德相同，都能成就正等正覺，故云「平等性智」。每個人都能不執著於自己的成就與色相，不被物慾所轉，就能證入空性，發大智慧，便是「妙觀察智」。於是，了解自己，接納自己，實現自己，而行於六波羅蜜，從實現中解脫，從禪定中入於覺性，生命就有了完全的實現和光明的意義。一旦行果圓滿，每個人的精神生活，都將提升到與宇宙同體。因此世間法與出世間法是不二的，這是大乘佛法的精神所在。

人經由生活而證道，而不是經由思想而證道。證道是要用自己稟賦的特質和所面對的環境因緣中，實現出生命的光輝，並奉獻給一切眾生，這就是慈悲心。另一方面由於他奉獻給眾生，所以也是空性。人若把精神生活提升到這點上，便是佛性的實現。

許多人都會問道：我實在不了解自己的長處，不知道自己的根性因緣。他們因為對自己一無所知而感到苦惱。我想這也是事實，比如說，許多年輕人問道，如何找一個能發揮自己潛能的工作，或者說我雖然知道我的興趣，但是找不到讓我發揮所長的工作。這種現象是普遍的，是時下年輕人的通病。當年輕朋友問我如何找工作時，我總是要問他：你不下水怎麼可能學會游泳呢？要想在事業上有所成就，最重要的是接納自己，就日前的條件和處境，去作一番努力。固然你需要一個目標，心懷著理想，但你不能脫離現實。就好像游泳過河一樣，你的目標是對岸，但是你必須從現在的此岸開始游。也許此岸水太淺，你必須步行一段，然後游泳過河。無論你想做什麼行業，只要是正當的、你有興趣的，就不必計較它的收入，而是要全力以赴的去工作，在工作中學習，在經驗中成長。你總會有機會發揮潛能，得到成功。

有許多人不知道自己的興趣在哪裡，這是大部分人在就業選擇上所遭遇的困難。其實你應該就自己的能力先找一份工作，努力去做。你能找到的正當職業就是你的因緣所在，好好努力工作，從中學習，同時多方面磨練進修，這其中必然也能觸及你的興趣所在。

生活有一個重要原則：千萬不可抄襲別人，或跟別人比較。人只有肯定自己之後，才可能過實現的生活，才可能有一番作為和成功。要記住！成功並不表示你在名利上豐收，而是你能過著豐足的生活。

名利雙收的人未必有著成功的人生。過著成功人生的人，未必名利雙收。有一件事是千真萬確的：當你是為了實現，為了服務，為了布施，為了博愛而工作和生活時，你一定會過得充實快樂，精神力量會不斷的成長，這就是菩提日日長。

人必須了解自己生命的有限性、短暫性和無常性。不要把自己的成就和事業當做永恆，真正的永恆是一個人的精神力量。因此要注意精神生活的陶冶和提升，把事業當做「藉假修真」的過程。它有如過眼雲煙，但精神生活則因為那一念的淨化與布施、修禪和修慧而得到圓覺。

在禪宗典籍上有一個故事，法眼宗的開山祖師法眼文益，有一天應南唐李璟之邀到宮廷說法，事後便一起在花園賞花。法眼應李璟之請即興作詩，他即刻把握機會，作了一首發人深省、現身說法的詩：

擁毳對芳叢，由來趣不同，
髮從今日白，花是去年紅，
艷冶隨朝露，馨香逐晚風，
何須待零落，然後始知空。

這首詩道盡了生命的曇花一現，又警策我們把握機會，成就精神生活。我們必須了解，如果沒有實現的生活，沒有正當的事業和服務的奉獻，我們就不可能把潛意識中的業力種子實現出來，成為布施出去的萬德資糧。如果我們汲汲鑽營而執著於名利色相，便是造業而不得提升。了解到這一點，就知道禪家所謂：

一朝風月，
萬古長空。

龍樹菩薩在《中觀論》中特別討論到生活的兩個重要真理。第一個真理是俗諦，另一個真理就是真諦；前者說明「有」的生活實現，後者說明「空」的精神生活。意識透過「有」的成就而利他，透過不造諸業不執著色相的「空」而成就精神生活的最高圓滿。他說：

諸佛依二諦，為眾生說法，
一以世俗諦，二第一義諦。

人只有透過實現生活，把「緣起有」實現為大悲智，才可能真正成就第一義諦。

了解別人．接納別人．寬容別人

人離開不了人群關係，因此人際間的互動情況決定了一個人精神生活的品質。醒覺是一個人在人群互動中保持中立、冷靜、自由、明智和喜悅的唯一途徑。一個人不能保持醒覺，就容易受到別人的牽引，受別人的暗示，失去肯定自己的能力。缺乏覺性的人，總是在人云亦云中迷失了自己的方向。

前面已經討論過，每一個人的性格、興趣、能力、長相乃至體能都不相同。因此每一個人的意見和生活適應方式都不一樣。每一個人的佛性和覺性是相同的，但是因緣和生活表現則彼此各異。因此，我們只能在自己的根性中解脫，而不可能從摹倣別人中證道。眾生是平等的，我們要尊重別人，不能瞧不起能力比我們差的人，不能小看殘障的人，不可輕視辛苦勞動的人，更不能睥視窮苦的人。當我們了解到別人也是那麼尊貴時，便由衷地產生尊重的態度。

人貴在了解，我們了解別人的處境和立場，就能原諒對方，接納對方。倘若彼此不了解，不互相尊重，溝通就有了障礙，對於別人的言行，處處看不習慣。許多憎罣和紛爭，都是這樣形成的。

了解別人，接納別人，可使自己的胸襟曠達，產生智慧。無論在企業管理、人群關係、教育工作或生活適應，都需要從了解別人、接納別人做起。這也是民主政治的理想與價值理念之一。

佛陀是很能了解別人、很善體人意的，所以他能很慈悲的發揮光明的智慧，教導學生。《楞嚴經》裡記載一個發人深省的故事。有一天，波斯匿王供齋請佛，佛陀和諸大弟子一起參加，只有阿難沒有參加。齋畢回到祇桓精舍，國王、大臣、長者、居士都來參加法會，聽聞法要，但是阿難還是沒有到。佛有神通，知道阿難經風化場所，被淫婆摩登伽女攝入淫席，婬躬撫摩，將毀戒體。佛陀知道他被淫術所加，就請文殊菩薩持往護，把阿難救回來。阿難回來後，頂禮佛陀悲泣，悔恨自己無始以來，一向多聞，未全道力。這時，如果是一般的老師，很可能要體罰學生，或者責罵「朽木不可雕也，糞土之牆不可朽也」。但是佛陀能了解學生，能接納學生，他不但沒有責罰阿難，而且很慈悲地以啟發式的問答，一面診斷阿難的障礙所在，為他解惑，一面引發他開悟。進而由學生們共同討論，引出精采絕倫的楞嚴法會。這次法會佛陀除了解答諸大弟子提出的問題之外，還請二十五位菩薩說圓通，各自說明自己證道的心得。

在佛陀的教化裡，非常重視了解別人，接納別人，寬容別人。每一個人都會有錯，都會失誤，只有透過寬容，才可能建立正常的人倫關係，也只有寬容才有可能給予別人改過自新的機會。

了解別人就能欣賞別人的優點，寬容別人的缺點，這是管理學上非常重要的原則。

欣賞部屬的優點，正是發掘人才、激勵部屬員工的好方法。寬容別人，正是給予改過遷善的機會。一個管理人員能發現部屬的才能，又能給他機會，必然能與員工相處得很好。美國《財星》雜誌作過一項調查，經營者成功的第一要件是與人相處的能力。美國最成功的企業家艾科卡（Lee Iacocca）用人時，只要在考核表上看到不能與人和睦相處者，無論其才華如何，概不錄用。古人說「人和生財」，和睦相處可以結合許多人的力量，成就大事。

了解別人是我們善群之道，接納別人是修福之道，寬容別人是慈悲之道。透過善群、修福和慈悲才可能使精神生活得到充分的發展，有良好的人際關係，關心別人、自利利人。最近心理學研究發現，平常能夠關心別人、樂於助人、厚道待人的人，他們的精神生活比別人健康。尤其是受到挫折或面臨困難時，也比較能克服焦慮和痛苦。

在佛教的經典中，佛陀提出布施、愛語、利行和同事四個方法做為修己善群、廣結善緣的方法。布施就是給予別人尊敬，給予協助，給予安慰，給予機會改正，給予指導。愛語是良好的溝通、意見的交流和學識的切磋。利行則能給予別人方便，恆順眾生。同事是站在別人的立場想，了解對方，接納對方，寬容對方。做為一個修行者必須具備這四個基本的生活態度和實踐能力。因為它能幫助自己心理安穩，家居和睦，精神生活愉快。

四攝事可以幫一個人獲得更多的友誼，改善自己和別人相處的能力。根據研究，時常跟別人來往的人，其精神狀態比獨來獨往的人要好。許多研究都指出朋友是良藥，你有了許多朋友，跟他們相處得很好，對別人關心，對自己的身心健康都大有幫助，甚至還能使你長壽。

了解別人，相對的也有助於了解自己；接納別人，也有助於接納自己；寬容別人，也就是寬容了自己。心理活動畢竟是在自己，所有不能諒解所產生的惱怒，都是自己在承受，所有的苦悶都由是自己造作而起。所以能了解別人、原諒別人、接納別人的人，就有了充分的醒覺。《楞嚴經》上說：

眼色為緣，生於眼識；
眼有分色，色塵無知；
識生其中，則為心在。

當我們執著於人我的差異，比較彼此的高下，分別彼此的色相，就會產生對立，就會有了自我中心，犯了嚴重的我相。色塵本身並沒有障礙我們、苦惱我們，所有的苦惱都起於對識的執著。在楞嚴會上，佛陀對阿難說，修道者不能成就無上菩提，都是由於犯了兩種根本的錯誤，即：

- **與諸眾生用攀緣心，而誤以為是自性。**
- **由諸眾生，遺失本明，而不能自覺。**

人我之間的關係，只是色相的表徵。別人有虧於我，就必須了解到那只是一時的不便。別人對我不客氣，是由於他被境界所轉，一時失去控制。別人與自己意見不同，那是根性因緣不同。凡此等等，能作如是了解，自己就不會引發瞋怒。能了解別人的苦衷，就能體諒別人對自己的不是。能欣賞別人的優點，就能與人和睦相處。能寬容別人短處，就能伸展自己的胸襟度量。

明白事理．承擔是非．事事無礙

精神生活的提升，一方面要把潛意識中阿賴耶的業力種子，釋放出來，轉識成智，成為實現生活的種種福德，另一方面還要修禪定功德，長生智慧。前者成就了事，它是屬於生滅門的範疇，後者成就了理，它屬於真如門的範疇。能如此，才能做到《華嚴五教止觀》所謂的「事理兩門圓融一際」。華嚴宗初祖杜順和尚說：

心真如門者是理，
心生滅門者是事，
即謂空有二見自在圓融，
隱顯不同，竟無障礙。

很明顯的，佛教華嚴宗所謂的理事無礙，正是要把潛意識中阿賴耶的種種業力因子實現出來，從而解脫，使如來藏這個能發智慧的般若性體重現光明。

所謂心真如門是指空性的如來藏識，它是淨化後的思維形式。這種思維形式也許是直觀的，也許是邏輯的，皆是純粹的理體，是一切智慧的根源。雖然真如門的修證，是不可思議的甚深法界，但是真如門的修證，如果不是從生滅門中實現出來、淨化出來是辦不到的，所以理事必須雙修。

在日常生活中，理法界相當於哲學上實證論者所謂的邏輯一貫性，事法界相當於道德的期待性，理事法界相當於經驗的檢證性。我們要用這三個標準來規範自己的言行，去導正生活，並做為轉識成智的依據。

明白事理就是要在日常生活當中，依上述三個標準去明白是非。但是明白是非也可能帶來另一個障礙，因為我們很容易執著於是非，而以是非之心來度計別人或責備自己，處處挑剔，看不習慣，甚至造成道德強迫症。因此，必須能承擔是非，放下對是非的挑剔，這樣才能做到理無礙，事無礙，理事無礙，事事無礙。

從心理衛生的角度來看，健康的心理生活需要一套良好的倫理行動。心理學家如弗洛姆、羅洛梅（Rollo May, 1909-1994）等人都強調倫理的實踐是心理健康的條件，但是倫理絕對不是束縛自己的鎖鍊，而是引發自己醒覺的針砭。當一個人為了遵守戒條，而弄得處處不自在時，戒律就成為奴役自己的枷鎖。反之，如果以實踐智慧來實現戒律，戒律則是智慧的表現。因此，事與理不是截然不同的兩項，而是生活上體與用之一體兩面。倫理的本身包含了事與理兩部分：事是生活格律或戒律的「有法」，理是一切自在，能承擔能放下的「空法」。事理圓融，就能勇於改正而不悔恨自責，努力積極而又不落於執著焦躁，這就是事事無礙，能實踐大乘菩薩行的基本條件。

我們生活中最常犯的錯誤是先有了道德觀念，然後用學來的道德觀念去批評別人，苛責別人，攻訐別人。道德觀念所範定的「事」，本來是用來自我訓練的規準，現在自己沒有去實踐，卻反而用來批評別人。這樣就會事事看不習慣，經常與人格格不入。心中不但不能常生智慧，反而產生了對立、敵意、不自在和挫折感。這樣人際關係就破壞了，生活的平靜就喪失了。彼此之間的情感損害了，人與人之間的和諧也破壞了。許多苦惱多因之而起，那就是煩惱障了。

因此，佛陀提出了空的觀念，讓「空」的理體和「有」的事象同時存在。要我們注意保持良好的心理空間，把種種不如意的事放下，把慾望降低到最少，把成見排除。這樣就有了承擔，有能力承擔是非。在倫理的實踐上，能任勞任怨任謗，能忍辱而不斷保持精進的心態，維繫著精神生活的光明面。

在佛教的經典中，勝義菩薩代表著生命之究竟第一義諦，祂象徵著涅槃。喜根菩薩代表著生活的種種成就與現象。追求涅槃而不顧生活是偏頗的、是不可得的。反之，一味追求現實生活與慾望的滿足也是偏頗的、迷失的。隋朝杜順和尚的《華嚴五教止觀》上說：

於無為界現有為界，
而不壞無為之性，
於有為界亦然。

我們必須將有與空兩者把握得無礙相融，然後才可能「頓絕百非」，得大自在。

落實於生活．放下妄念．精進圓滿

醒覺的最後一個特質是放下妄念，回歸到生活，精進力行，濟世度人。生命的現象表現於生活，當生活本身受到肯定，得到豐足自在時，生命才有了意義。因此，當生活流於爭權奪利，表現著不安與自我防衛時，生命及其所顯示的精神生活，即刻陷入危機。

干擾人類生活最嚴重的就是妄念；妄念顯然是一種不合理的慾望或懼怕。它的出現，足以使人們變得貧困不安。任何一個人，無論他的財產或權勢多大，只要存有不合理的抱負水準，即刻變得赤貧和不安。因此，一個人是否豐足自在，完全是主觀的問題。一個普通的人可以感到自己裕足自在，一個家財萬貫的人也可以變得匱乏不安。

醒覺顯然是要一個人能落實他的生活，放下不合理的抱負水準，把貪婪洗淨，如實地照自己的本質和因緣去精進生活。把一切努力和成就化作修菩薩萬行的資糧。就法界緣起論來看，精神生活的本質是先實踐萬德，才有法界的圓滿。當我們依照信、解、行、證四個步驟，努力實踐十波羅蜜，通過十地的努力，才可能證入一真法界。一真法界是精神生活的圓滿狀態，證入這個境界，就能與十方諸佛把手同歡，入於真常。這個圓滿的精神生活必須建立在如如實實的生活本身，而不是對財貨名利的囤積與享樂。執著於物慾色相，生活就起障礙。杜順和尚說：

法界緣起，
惑者難階（實現），
若先不濯垢心，
無以登其正覺。

人當然擺脫不了有血有肉的色身，擺脫不了情性和色相。雖然這些都是因緣而起，本來是空，但是這些假相卻毫不含糊的顯現在跟前。你不能用逃避的消極態度對待它，而要用如如的態度接納它，用平直心去生活，藉假修真。執著於色相和逃避色相都是錯誤，只有透過杜順和尚所說：

須先打計執，
然後方入圓明，
若以直見色等諸法從緣，
即是法界緣起。

這段話是說，我們必須如實的生活，不可生活在偏計所執的迷妄裡頭。當我們能投注於生活、實現生活、欣賞生活時，就能自在豐足，入於圓滿光明的精神生活。我們無需逃避生活，只要以平直心去看一切世間法，從中實現濟世度人的大乘菩薩行，把我們導入法界，導向崇高的精神世界，永不退轉，那就是大覺悟。在《華嚴五教止觀》裡，杜順和尚把醒覺的精神生活歸納成三個要點：

●要清淨自心，掃除妄念和貪婪，不被我見、成見和偏見障蔽，這就是「徵令見盡」。

●不要執著於感性的慾望，消除對色相的執著和迷戀，這樣去過實現的生活，叫做「示法今思」。

●一方面要剪除情執（遮情），一方面要實踐眾德（表德），要心行一致，實現生命的最高義諦，所以叫做「顯法離言絕解」。

總之，醒覺是個人對自己精神生活的徹底醒悟，它不是知性的，而是心行一致的流露。醒覺表示自己能從潛意識的業力種子中解脫出來，透過精神生活的實現，轉識成智，成就眾德，從而淨化如來藏識，入一真法界，證得佛如來境界。

依照以上的討論，實現的生活又成為成就萬德的基本條件。現在再來討論什麼是實現的生活。

實現的生活就是創造性的生活

人必須透過醒覺，隨著自己的因緣和根性，從理想我或妄我中回歸到現實我。現實我的實現，表現出落實的生活，自己不再疏離，不再對生活有妄念或妄見。根據自己的能力、興趣和機緣，任運發展，過成功的生活。成功的意義和成就有別，成功是指生活得很充實、喜悅、有意義；成就則指名利上的獲得。成功的人生一定會帶來一些成就，但有成就未必擁有成功的人生。

醒覺是我們走向成功人生的條件。透過成功的生活，實現了潛能，服務社會，這就是修行的開始。前面已經討論過，實現與布施是一種淨化，是一個人潛意識中的業力種子，經過轉識成智而實現為菩薩萬行。因此，實現之後的成就，除了要布施之外，還要修行空與禪定，再從實現的色相中解脫出來，那才是真正的圓覺，發現真我，悟入精神生活的法界。

實現的生活是修行的必要過程，無論你是出家或者在家；是從事工商或從事醫農；是藍領的職位或是白領的工作，你的工作與生活就是實現生活的本身。只要你隨機運緣，努力從事正當的工作，都是八正道中的「正命」。有了正命，無論自己的收入多寡，地位之高低，只要你接納它、實現它，就自然有了發展，有了貢獻，有了布施，有了無量的功德。

一般人可能有個錯覺，認為市長一定比清道夫尊貴。事實上，一天沒有市長我們還可以生活得很好，但一天沒有人做清潔的工作，大家就要生活在污穢的環境裡頭。世間事，論待遇和地位，是根據世間法的成見來評斷，所以有高下、貴賤之分。論功德則屬於出世間法的範疇，每個人的工作都是平等的、都是尊貴的，每個人都有佛性，都能成佛。佛陀說：

一切眾生都有佛性。

實現的生活是指一個人生活於世間法，藉世間的色相而成就萬德；透過生活的實現，從而淨化了阿賴耶識中的業力種子。事實上，人是離不開生活的，否定了生活就等於否定了一切。因此，精神生活及生命的第一義諦自然離不開世間法。所以《大智度論》中闡明：

佛法中有二諦，
一者世諦，
二者第一義諦。

由此可知世出世間法是不能分開的，真諦和俗諦是不可能孤立存在的。所以真正的力行法義是要在這矛盾的互動中找到和諧的答案——過實現的生活。《入中論頌》上說：

癡障性，故名世俗，
假法由彼現為諦，
能仁說，名世俗諦，
所有假法為世俗。

很明顯的，當我們自己有了執著和攀緣時，生活才變得「世俗」氣，變得有障礙。如果能藉精神生活法則，以仁心布施去實現，就成為「世俗諦」，亦即如實的生活。這個如實的生活是愜意的、歡喜的、豐足的。此外，這則偈頌又提醒我們，所有的佛法，畢竟不是生活的本身，它是世俗生活的指南。當我們藉著它提升自己，能過實現的生活時，我們也要能不受這些規則所束縛，從中解脫出來，才是創造性的生活。

接著我們來討論透過醒覺，走向實現生活的基本因素。

自我控制——培養好的生活習慣

人要想生活得好，就必須能自我控制。自我控制是過成功生活的條件，是自由判斷和自由思想的保障。生活在一個感性的文化體系下，我們很容易被外界的色相所引誘，被種種突如其來的刺激所激動，從而失去了自我控制，產生貪婪、瞋怒和愚癡。在佛學上，這三種由外境所引發的心理失衡的反應，被認為是導致生活困境、障礙正常生活的因素，所以給它取個名稱叫「三毒」。它是影響心理成長發展的毒素，也是一切煩惱和焦慮的來源。

貪婪的人有著一種無法控制慾望的傾向。因此，他一直在追求某些東西，來填補自己的空虛。他所需要的無論是物質、愛情、知識、享樂等，都會有一種若渴的強制性想法，以致很容易被那些慾望迷住，失去理性，做出錯誤的決定。貪婪者具有以下幾種性格特質：

- 價值觀念在於物慾的滿足，喜歡享受現成的東西；思想上比較不能深思，易陷於言聽計從，容易受騙。
- 貪婪加上剝削型性格傾向，就會不計一切手段，以偷或搶的方式，滿足其慾望。只要他所需要的東西，無論愛情或財富，會訴諸非理性手段來取得。

●貪婪並不表示自己真正有需要，它是由於心裡頭有著匱乏不能滿足的強迫性動機。他們喜歡囤積，但吝於幫助別人。

其次，瞋怒是人際關係的最大障礙。它使人與人之間產生敵對，引發人類野性本能中的暴力行為。瞋怒的產生是由於內心的懼怕、不安和脆弱。當一個人認為外界的威脅太大，自己內心的安全感無法維持時，即產生毀滅它的衝動，暴力就是在這種情況下發生的。暴力有幾種不同的表現方式，最常用的是憤怒和咒罵，此一方式雖然並沒有使用暴力，卻以殘酷的語言攻擊對方，達到洩憤的效果。其次是嚴厲的自責，攻擊自己，甚至自殺；憤怒者所引發的暴力，不能或不敢指向引起瞋怒的對象，卻反過來攻擊自己。第三種反應方式是直接攻擊對方，以暴力摧毀對方。

至於愚癡則是一種強烈的執著。對愛情的執癡，對我相的執著，對既有的成見、偏見和知識的固執等等，都是愚癡的反應。癡可能是為了維護自己的面子而引起，亦可能是為了慾望而引起，無論原因如何，它是憂鬱和焦慮的來源。它會使人執迷不悟，失去朝氣。古人說「玩物喪志」，正是執迷者的寫照。

人畢竟是血肉之軀，為了生活，不免產生情慾。事實上，情慾是人類生活的本質，沒有情慾就等於沒有生活。為了維護自己，避免自己成為情慾的奴隸，就必須能自我控制。《六祖壇經》上說：

一念悟，煩惱即菩提。

自我控制就是化煩惱為菩提的漸修頓悟過程。

自我控制不但能維護心理的平衡和健康，而且能避免情緒上的困擾和煩惱；不僅能讓我們不斷的學習和成長，並且可以幫助我們把握機會獲得成功。自我控制是提升精神生活的力量，也是維護自尊、增強社會適應的根本。

自我控制正是佛家所謂的戒律。佛家強調透過戒律或生活紀律培養一個人良好的生活習慣和工作習慣。因此，一個佛教徒在皈依時，必須授以三學（戒、定、慧），而戒是三學中最重要的部分。佛家深信只有透過生活紀律的訓練與養成，才可能培養一位能濟度眾生，造次必於是，顛沛必於是的大乘菩薩行者。在《佛遺教經》中記載，佛臨圓寂時，囑咐比丘：

汝等比丘於我滅後，
當尊重珍敬戒律，
如闇遇明，貧人得寶，
當知此則是汝等大師。

只有透過戒律的訓練，才能自我控制，才能對治煩惱障及所知障，過實現的生活。實現的生活必須具備良好的習慣，成功的事業與人生亦以良好的習慣為基礎。根據管理心理學家的研究，人的性格就其處事的態度而言，可分為實現型和辯解型，其最大的不同在於處理事情的習慣上。他們的差別是：

- 實現型：他們踏實，有良好的工作習慣，遇到失敗與挫折能接納事實，檢討錯誤，勇於改正，所以是積極的。
- 辯解型：他們懼怕失敗，隨時隨地為自己的錯誤和失敗辯解，結果坐失良機，不懂得改正，所以是消極的。

每一個人都要為自己建立生活的戒律。就一般佛教徒而言，其共同的生活格律是戒殺、戒盜、戒淫、戒妄語、戒飲酒。這五戒代表著甚深的內涵，其主要意義已在《清心與自在》一書中解釋，讀者可以自行參閱，茲不贅述。現在，根據佛法的基本精神，提出以下實現生活的基本原則：

- 保持單純的生活態度，學習簡樸的生活。單純使我們保持清醒，容易發揮潛能；簡樸使我們豐足自在，恬淡喜悅。（《佛遺教經》中的無求和遠離）
- 練習禪定，保持清醒，避免淪為物慾的奴隸。（禪定）
- 養成良好的習慣，這不但有益健康，並能培養生活和工作的銳氣。許多成功者深通此道，並持之有恆。（捨放逸）
- 培養積極精進的態度，它使生活有願力、有活力、有朝氣，能克服困難，保持樂觀。（精進）
- 保持慈、悲、喜、捨的生活態度，因為佛心是從這兒流露出來的。（真如）

學佛者必須了解，世俗的生活就是學佛的素材。因此，能夠藉著生活的格律，在世間法中轉識成智，是成就大乘菩薩行的最根本法門。

每一個人都有缺點和優點，根性因緣各不相同，當然所用以扶持自己走向實現之路的生活戒律也不相同。因此，每個人必須建立屬於個人的生活戒律。戒律一旦建立，就必須嚴格執行，不能有所例外。執行戒律確實不是一件容易的事，比如說某甲想戒除性急的習慣，但總是改不掉；顯然性急是性格上根深柢固的行為模式，要想改正它殊非易事。為了戒除某些舊習氣，建立新的行為和美德，首先你必須有虔誠的信仰，透過對佛的正信，每天要懺悔檢點自己的習氣，淨化自心。懺必須由衷的流露自己誠心改過之心，從而發出願力，引發實踐的動機。在佛教的修行方法中，有所謂「拜懺」，它的實質意義，就是一種虔誠徹底的自我淨化。

其次，根據心理學家雷姆和馬斯特（Rimm & Masters）兩人所提出的報告，自我控制是透過明智的引導而產生的行為。此種引導有三個要件，即：

- 改變生活環境。
- 減低引起不良行為的色相對人的刺激。
- 增強修持善法。

所謂改變環境是指在可能範圍內，將環境作適當的安排。比如說過去你不能自己一個人專心念佛，你可以改變環境參加「念佛共修會」；在家裡不能專心用功讀書作學問，可以改變方式，到圖書館去用功。改變環境可以幫助我們有效的自我控制。例如戒菸的人如果身上不帶菸，桌子上不擺菸，對於執行戒煙大有幫助。俗語說：「近朱者赤，近墨者黑。」要想修行學佛，就必須有適當的環境——常常接近善知識，定時到道場禮拜，均甚有裨益。

人的行為是由刺激的引動而產生，無論是情感、思想或情緒，都因刺激而起。因此，導致我們發貪、瞋、癡三毒和導致五慾十惡的，都是透過感官輸入大腦的刺激所引起。外界的色相，在變為刺激時，都只是一種符號和資訊。倘若我們能稍微延緩這些刺激，或對刺激的來源稍作阻擋，其強度就隨之減弱，就能減少被境所牽的機會。比如說鄰家的喧鬧聲令你靜不下心來看書，你可以改用朗誦的方法，這樣可以降低外來干擾的刺激。學佛者應當特別注意，當外界環境吵到你的時候，不妨輕聲頌經或放開梵樂、梵唄等錄音帶，以消除喧鬧不安的刺激，這就是佛經上所謂的「對治」。

「觀法」是轉化刺激、引發善行反應的另一種有效方法。觀法很像心理學上行為理論者所謂的競合反應（competing response）。心理學家認為，把原來引起我們產生不合理行為的刺激，透過一項安排，可以使它產生合理的行為反應。比如說，別人當面給你難堪，本來的反應是勃然大怒，如果改以幽默和詼諧來發洩，則產生了文雅的效果。佛家教人把一切色相透過生、住、異、滅來看，所以一切變得恬淡。因此，視人體之不淨有如臭皮囊時，一切自然放得下。視艷冶玉肌有如白骨時，則不為色情所動。看一切眾生同出一源而發大慈悲。觀人體如臭皮囊者叫「不淨觀」，視艷冶玉肌有如白骨者叫「白骨觀」，觀一切眾生苦而生慈悲者為「慈悲觀」。觀法，可以用來作為自我控制、增強修習善法的法門。

生活的成敗在於是否能自我控制。能自制，則有好的心理生活空間，創造和實現自己的因緣潛能，在生活上、事業上和精神生活上獲得成功。

肯定性——保持平直心與安定

肯定性是實現生活的必要條件，它就是佛經上所謂的平直心。平直代表一個人具有相當的穩定性，無論在情感、情緒和理性判斷上都具有相當程度的自覺，並作如實的表達。肯定性使一個人不至於抑制自己的情緒或情感，造成心理生活上的焦慮，或社會適應上的難題。更重要的是它能幫助我們實現成功的人生。

肯定性高的人，能夠平直地表達自己的意見和感受，而又不傷害到別人。因此他們的心理生活比較健康，沒有壓抑，比較能維持清淨心。至於非肯定性的人，通常不能肯定自己的想法和情感，從而壓抑自己的情感。他們總是很不情願地服從別人，所以常常覺得不快樂和傷感。此外，有一種人是過分自我中心，在自我肯定性方面，作過度的反應，而造成了所謂侵略性。侵略性與非肯定性正好相反，他們總是忽略別人，強制別人，不讓別人表示意見。侵略性和非肯定性兩種人，都會造成道德無能，衍生出許多邪惡的行為。

侵略性和非肯定性兩者顯然與佛教中所謂的十惡有著密不可分的關係。首先，我們來討論侵略性，這是一種只顧自己不考慮對方、不會為別人設身處地著想的人。他們要別人聽從他，服從他的旨令，當面給人難堪，批評與指責都顯得非常武斷和具攻擊性。當然，他們也很容易使用暴力來征服別人、報復別人，所以在身業上易犯殺、盜、淫；在口業上易犯惡口、妄語；在意業上易犯貪、瞋二毒。侵略性往往演變成攻擊性，它表現於行動、語言和意念或思想上。

至於非肯定性，則是放棄自己的意見，壓抑自己的情感，把動能（energy）壓抑到潛意識裡頭，或者改頭換面之後成為侵略性，或者表現在邪淫、惡意的批評、造謠、搬弄是非、諂媚等各方面。總之，非肯定性和侵略性，都會帶來一些行為和心理上的困擾。

人是有情感、有情緒的，如果透過平直心，以肯定性的態度去處理它，自然可以清淨平直，沒有邪惡妄念，不致扭曲造業。因此，要修十善業，必須了解什麼是肯定性這種平直心。肯定性有以下幾個特質：

- 體驗真實的情感。
- 誠懇地表達意見。
- 維護信守的原則。
- 開朗和正像思考。

人應該要接納自己的情感，不應予以扭曲抑制。情感不是慾望，而是一種生活的感受，它是生活的自然現象。人應該在快樂的時候能笑，在悲戚時會哭，能如此，生活才顯得自然。我們在別人稱讚自己時會覺得高興，這是真情流露，是純真的，所以自己要先接納它，再表達對別人讚美的喜悅和感受。但是有許多人卻不敢接受別人的讚美，甚至不曉得如何自然地表示自己當時的情感。

禪學典籍裡，有一則公案很明白地表現了真實流露情感的真理。

唐朝時的馬祖道一是禪宗大師。有一天和他的弟子百丈懷海一起散步，看到一群野鴨子飛了過去。馬祖就問：

「那是什麼？」

百丈回答說：

「那是野鴨子。」

馬祖又問：

「飛到哪裡去？」

百丈說：

「飛過去了。」

就在這個時候，馬祖狠狠地擰了一下百丈的鼻子，使得百丈大聲叫痛。馬祖接著又問：

「你說，難道又飛過去了嗎？」

百丈就在這時候開悟了。

後來百丈回到廂房，卻感動得哭了起來。同學們一再追問他究竟為什麼，他只得說，因為鼻子被老師擰得很痛。同學們問他是不是做錯了事，他說你們去問老師吧。於是同學們去見馬祖，馬祖卻告訴他們，還是回去問百丈自己吧。同學們又回來問百丈，這時百丈卻呵呵大笑，弄得同學們更不明所以地問：

「你以前哭，現在為什麼又要笑呢？」

百丈回答說：

「我就是以前哭，現在笑。」

這段公案是很純真的，是人性真情的流露，它就是生活的平常本性。情緒與情感對於做人做事及心理健康影響甚大。情感得到自然的流露，就不致造成壓抑而扭曲，形成情緒上的問題，而影響心理健康。此外，情緒影響判斷和做人的態度尤其嚴重，許多憤怒、仇視和對立都是情緒和情感有了障礙的結果。不過，情感的表達必須注意到態度、方式、時機和內容。當我們能透過這幾項要求，表達自己的感受時，別人也會樂於接納。

其次，一個人能夠表達意見，肯定自己信守的原則，就是能夠自我肯定。這並非意味著自我中心地堅持己見，或不接受別人的意見，而是能表達自己的觀點，並願意和別人溝通，分享真理。一個人有了自己的意見，而不敢表達，顯然是缺乏自信，害怕自己說錯了被別人笑話，所以壓抑自己。壓抑是苦悶的、是緊張的，所以這個被壓抑的動力，就要轉換一個方式表達出來，即轉變為私下的批評和攻訐。例如有些人開會時不敢站起來表達自己的心聲，卻在座位上竊竊私語。許多口業都是在這種意識扭曲轉變之後產生的。在開會時，自己的意見不敢表達，寶貴的意見不能布施給大家參考。等到別人做了結論，自己又不滿意，而在背後批評，甚至導致彼此的不和諧，這樣的態度就是妄語。從觀察中可以發現，有些人喜歡放棄自己的意見，不願意跟別人溝通，而一味附和別人，成為不自由的思想者。更嚴重的是這些人會成為逢迎權貴的「綺語」一者。

人可以淡薄寡慾而減少自己的意見，但是有了意見，則應慎思而後作適當表達，供大家參考，這也是一種布施功德。從佛學的觀點看，人可以沒有意見，但有了意見則不應壓抑。

意見的表達方式是肯定性的重要關鍵。平直和氣的表達和情緒性的發洩顯然有別，平直的人用心平氣和的態度說話，並沒有強迫別人一定要照自己的話做，這種溝通是平易近人的。反之，以藐視別人的態度，要別人完全接納己見，就構成侵略性，它必然破壞心理的平靜和人際關係的和諧。

每個人要學會說實話，例如你不願意把自己正在使用的東西借給別人，就應該誠意地告訴對方；如果你沒有錢可以幫助對方，你也用不著東借西湊表示自己的仁慈，事後又為了告貸而煩惱。平直心就是佛心，它就是生活的常理。《六祖壇經》上說：

心平何勞持戒，

行直何用參禪。

當我們以平直心的態度去待人處事，我們就能和諧地流露自己的情感和意見。平直心教我們「無所住而生其心」，沒有妄念，沒有邪惡，沒有疏離感。這樣的生活，因純真而表達情性，因無爭而表達意見，因慈悲利他而肯定真理，所以能「言寡憂，行寡悔」，可以實踐大乘六度萬行，得大自在，是真淨定。

肯定性能給我們帶來較好的情緒生活，顯然對身心健康大有幫助。根據醫學上的報導：悲傷和失望的情緒，能啟動人體內的腦下垂體—腎上腺皮質網路，腎上腺皮質就會超量分泌皮質醇，它是新陳代謝所必須的激素。這種激素超量分泌的次數過多或時間太久，免疫機能便會失常，對各種感染和腫瘤的防衛能力降低。另一種激烈的情緒如憤怒和不耐，或者生活上受到威脅，影響的是腦子的另一部分，它啟動腎上腺—髓質體系的扁桃體，會釋出一種化學物質，促使心搏速度加快，提高血壓和血液中游離脂肪酸。這是我們求生本能受刺激時作出的反應，不過，當這種反應的時間太長，次數過多，就會導致偏頭痛、高血壓、冠狀動脈心臟病和中風。

肯定性高的人比較能關心別人，人際關係較好，情緒狀況也較佳，身心都比較健康。根據研究，擁有圓滿的家庭、工作和社交生活的人，遠比對家庭和工作不滿的人健康；在最不滿意的一組中，患關節炎的比例十倍於最滿意的一組。又根據臨床研究顯示，肺癌患者都是把情緒悶在心裡頭的人。

肯定性影響社交，影響情緒，當然也影響事業和生活。某甲有個要好的朋友，不斷向他借東西，總是不還；某甲老鼓不起勇氣向他追討，因為自己覺得很不好意思。顯然，他是缺乏肯定性，不敢表達自己的意見和感受，所以他的朋友不斷地困擾他。某乙辦公室有一位同事，總是把工作推給他做，然後出去逍遙應酬，他的工作負擔太重又不好意思說出來，這使他非常苦惱。某丙是一位主管，他的部屬工作不努力，經常馬馬虎虎，他礙於情面，不好當面說出，可是，對這位屬下的工作又十分不滿意。像這種情況，都是缺乏肯定性，不敢誠實表達自己的感受和意見的結果。

你愈是不好意思表達意見，就愈難解決所面臨的問題。因此，非肯定性的人總是在生活上有許多煩惱，在事業上發揮不了經營的實績。要想改變這種消極的局面，在處事時要：

- 以肯定穩重的態度表達你對事情的看法，並應堅持必須遵守的原則。不堅守原則無異失去立場，失去信心。
- 以平直心說出你的意見。不必拐彎抹角，假借他辭，或間接暗示。消極性的態度，足以妨礙你的肯定性，影響你的生活和事業。
- 表達意見不可憤怒生氣，更不宜使用恫嚇。
- 肯定的語調和穩重的肢體語言，有助於發揮領導和被敬重的氣氛。

肯定性代表一個人的真我得到順利的發展，有著充分的自在感和安全感，因此它是身心健康之所賴，也是成功的生活所必需的性格特質。它有助於我們過實現的生活，引導我們走向成功的人生。但是只有肯定性是不夠的，實現的生活還需要創造性，因為它是生活的本身。

創造性——孕育世間法的智慧

人只有透過創造性才可能使生活過得喜悅自在，事業成功。這裡所謂的創造性是指生活的創造性。它幫助我們實現潛能，發現意義，伏斷煩惱，消除愚迷，提升精神生活。創造性是智慧（般若）的一部分，或者更具體的說，它是般若在生活上所表現的「大用」。它是大乘法門成就最高精神法界的動力，由創造性所引導的生活就是實現的生活。

什麼是創造性呢？一般人一聽到創造性就會聯想到發明或創作，事實上創造力更表現於日常生活和休閒活動上。它使我們有效地待人接物，生活適應提高，過成功的生活。

就創造性的醞釀而言，心理學家高登（W. J. T. Gordon）認為，情緒的因素遠比智能更為重要。換句話說，非理性的情緒對創造力的影響，遠比理性的思維來得大。通常創造性的觀念源自一時直覺的靈感，等到它浮現了，再由智能去整理和驗證。創造性的觀念需要平靜的心理生活空間、良好的情緒狀態和悠閒的遐思，以利新觀念的產生。所謂創造性的「點子」是在非理性的範疇內醞釀出來的，因此創造是一種情緒過程。我們透過智能來判斷和推理，它構成解決問題的能力，但是如果要想引釀新的點子，就不得不重視情緒生活。

佛家非常重視淨化的情緒生活。禪定的功夫和清淨的心情，正是佛法上所謂「由定生慧」的生活法則。《六祖壇經》上說：

定慧等持，意中清淨。
用本無生，雙修是正。

定慧是一律的，是不可分割的兩個互動因素。六祖慧能說：

定慧一體不是二，
定是慧體慧是定用，

即慧之時定在慧，
即定之時慧在定。

創造性是從寧靜中伸展出來的潛能，特別是在人際關係和精神生活方面，只有透過寧靜，才可能發出慈悲、溫柔、恬淡與和諧的自在感。在這種情況下，雖然沒有發明和創造，但是慈、悲、喜、捨四無量心，卻在這時流露出來，使我們感受到豐足和喜悅，感受到人際關係彼此一體。

此外，如何在平常事業上發揮自己的創造力，成為世間法中的「俗諦」，也是佛學上所關切的問題。《六祖壇經》上說：

佛法在世間，
不離世間覺。

佛法不但不反對把慧性用在世間法上，而且還鼓勵大家把創造的所得，跟別人分享。創造本身可以給精神生活帶來喜悅，把創造的結果用來布施，跟別人分享，又是一種喜悅。所以在事業上的創造活動，是一種實現的喜悅，亦是一種濟世利生的工作。

沒有實現的生活就會使生命的意義落空，不把潛能透過工作和生活予以實現，精神生活永遠得不到提升與成長。然而，無論工作或生活，實現的契機總是脫離不了創造性，因為它能給予我們一連串的行動力量和方向。創造力使真我成長，使自己找到自信，使自己排除無能感並克服了自大的基本焦慮。因此，創造力是心理生活的陽光，是引導自己走向醒覺之路的力量。對現代人而言，工作是生活的重要內涵，如何在工作中發揮創造力，是值得重視的。我們不得不肯定一個事實：當一個人不能在工作中獲得滿足時，他的生活即刻發生潰敗。茲提出在工作上發揮創造力的方法如次：

- 工作遭遇困難時，應針對問題的癥結徹底的了解，搜集資料，整理、歸納並加以研究解釋。
- 工作之後的休息可以培養創造力，在散步、運動和其他休閒中，使自己輕鬆下來，把問題交給潛意識，往往有許多新的發現浮現腦際。
- 採取擬人化的思索，把自己比做待解決的問題，神遊遐思，找靈感；也可以採取一個熟習的問題，作類比推想，作擴大、縮小、代替、比對，以發現靈感。

●放下自我中心的思考習慣，接納並讓別人參與問題的討論，或者透過「腦力激盪」的方法，可以發現新的答案。

創造力是在一邊工作一邊思考和適當的休息中發揮出來的。為使創造力從潛意識中突破知識、成見和情緒的障礙而流露出來。你必須懂得優游任運的道理，才有神馳電掣的靈感；有泰然自若的時候，才有突然的領會。

創造的人生並不以創造事功為滿足，更重要的是培養創造性格（productive character）。具有創造性格的人最基本的特質是，他有關懷別人的能力，並生活在慈悲的行動上。人若失去這項能力，在精神生活上就會失去主動性，而轉向期待別人照顧的懦弱特質，很容易發生精神症狀，或者陷入仇恨、敵意和暴力。因此，創造性是實現生活的基本素質。

當我們透過醒覺，走向實現生活時，我們的精神生活才充實起來。它不但肯定了生命的意義和價值，同時也孕育了證入般若的可能性。許多人誤以為實現的生活即是「煩惱法」，還是在起心動念，不能修成正等正覺，成就如來正果。事實上，這是錯誤的觀念，人類只有藉假修真才可能有真如來；如果一切以空法為生活之信條，無異否定生活，成為枯槁的人生。《維摩詰所說經》上說：

當知一切煩惱為如來種，
譬如不下巨海不能得無價寶珠，
如是不入煩惱大海，
則不能得一切智寶。

實現的生活是學佛的根本，每一個人都要根據自己的根性因緣，以醒覺的態度去過創造性的生活，從而與別人分享自己的成就，那就是福慧雙修。進一步說，它一方面釋放阿賴耶識中業力種子，轉識成智，奉獻自己，服務社會，積無量福德；一方面淨化自己，勤修空法，讓自己不被境轉，得大自在。所以實現的生活是入無上正等正覺的基礎。

《維摩詰所說經》上記載文殊菩薩答覆維摩詰問什麼是如來種時說：若以為無為法（無記空）是入正位的法門，就不可能發無上正等正覺的菩提心。佛陀的大弟子迦葉在聽到這段話後，則心悅誠服地讚嘆說：

善哉！善哉！
文殊師利快說快語，
誠如所言，
塵勞之儔為如來種。

學佛以世間法的實現生活為種。精神生活的提升，乃至入一真法界，均以實現生活為資糧。菩薩入不二法門，所謂淨、穢不二；生、滅不二；我、無我不二；相、無相不二；菩薩心（大乘濟世之心）、聲聞心（小乘自求解脫之心）不二；有為、無為不二；世間法、出世間法不二；凡此等等都因為實現的生活，才可能落實、融通，實現菩提心地得到證悟。當精神生活修行提升到法雲地時，就到了如如不動，「乃至無有文字語言，是真入不二法門。」這是不可言喻的精神生活，是入法界如如不二的參證，修行到了這層次，再跨一步就成佛了。

因此，實現的生活是人類精神生活的重心，也是人類轉識成智，提升自己，對將來抱著一分光明希望的所在。實現的生活無疑是人類最圓滿的倫理，它是實踐大乘菩薩行、入一真法界的法門。

肆

倫理的精神法界

佛法

依梵網經菩薩心，
行入華嚴不思議解脫境界，
安住彌陀寂光淨土。

——淨空大師

釋義

依照梵網經中
佛陀所說大乘菩薩的種種行持，
不斷的努力實踐，
終能提升自己的精神生活，
悟入《華嚴經》所說的莊嚴法界。
那就是不思議解脫境界，
最後圓滿清淨的真我，
將安住在彌陀法界的寂光淨土。

倫理是人類心理生活的主體，它是人類自遠古以來，用以維持身心平衡發展，導正生活取向，使自己免於瘋狂、免於墮落，並使精神生活得到提升的信念。因此，無論在宗教或哲學，在政治或經濟活動，在藝術或文化表現，倫理是共同的核心。沒有倫理就沒有宗教，因為那樣的宗教是迷信；沒有倫理哲學根本就不能存在，因為它所討論的真、善、美、聖都會被虛無和墮落所瓦解。政經活動沒有倫理，社會就變得紛爭不安；而藝術與文學如果失去倫理，它即刻失去弘揚人性、砥礪心志的使命。所以倫理是人類精神生活的基元，它使我們生活得健康自在。

倫理的建立是從人類精神生活的光明面出發，透過體驗、歸納和證悟之後發現的。所以倫理本身就是精神生活的元神，它是人類希望自己幸福所發現的律則。透過倫理的實踐，使自己精神生活健全，不必藉著幻覺或迷信來維持充滿挑戰的人生。倫理的真正功能是使自己內心完全自由，清醒的面對無常多變的生活，而又覺得喜悅豐足。

透過倫理的洗濯，人類不再依賴權威、物質和神蹟來維持心理生活上的無助、徬徨和孤立。內在的心理世界，在經過倫理的砥礪之後，產生豐足自在的心境，對永恆的精神世界有了不可思議的體驗；對生活的本身有了徹底的醒覺，調伏一切精神生活的障礙，悟入莊嚴的精神法界。《華嚴經・世主妙嚴品》中記載釋迦牟尼佛，證入華嚴莊嚴世界時說：

爾時，世尊於一切法成最正覺，智入三世悉皆平等。
其身充滿一切世間，其音普順十方國土，
譬如虛空具含萬像，於諸境界無所分別。
又如虛空普遍一切，於諸國土平等隨入，身恆遍生一切道場。
菩薩眾中威光赫奕，如日輪出，照明法界。
三世所行眾福大海，悉已清淨，而恆示生諸佛國土。
無邊色相圓滿光明，遍周法界，等無差別。
演一切法，如布大雲，一一毛端，
悉能容受一切世界，而無障礙。

這段經文很清楚地道出了精神生活提升到圓滿的境界時，就與整個宇宙等參，頓入不可思議的永恆。

佛法本身就是一套通往醒覺的倫理，透過釋迦牟尼佛的證入和宣說，以及以後諸大菩薩行者的力行實踐和弘揚，使佛法這門圓覺的精神生活倫理得以流傳。

宗教是離不開倫理的。但是，各種宗教所揭示的倫理，則代表著不同的精神生活和不同層次的精神法界。哲學家弗洛姆曾透過心理分析學的方法，研究倫理在人類精神生活中的脈動，而把倫理分成兩種截然不同的取向，即：權威的倫理和人文的倫理。

佛教的人文倫理

倫理是個人精神生活的表現：健全的精神生活本身就是倫理。在佛教的教義中，倫理就是道，就是醒覺的本身，而不是要人去屈從於權威的神所訂下的生活戒律。釋迦牟尼佛所留下的唯一教訓是醒覺，也就是要「空掉」一切成見和習氣。真正的倫理和戒律，是覺者的自然流露，而不是做教條的奴隸。人文倫理奠基於自我的醒覺所由發的內在心聲。人文倫理源自真我，它使自己發揮創造性，成為健全和諧而徹底發揮其潛能的人。

人文倫理不但能發揮自己的潛能，能維護我們應有的清醒和自豪，並能對自己提出肯定答覆的禪定功夫。我們不能將人的德性孤立起來處理，而要將倫理與精神生活完全的融和，使人成為他所應有的本來面目，讓每一個人都能生活在清醒、有回應能力、具有創造性的生活之中。

佛陀固然提出了許多生活應該遵守的戒律，但是他一再強調「戒而無戒」，要把自己變為倫理的主動實踐者，千萬不要變成了它的屈從者。倫理的目的是淨化自己，伏斷煩惱；如果為了實踐倫理反而帶來困擾，那麼所實踐的行為就不屬於自己的精神生活，不能引發充分的醒覺了。在早期佛教經典中可以看到佛陀說：「如果信受奉行這些教義，會使自己迷失痛苦，那時你就該拒絕遵守它們。」

人文的倫理是要一個人成為主動的倫理實踐者，最後的目標是自我的醒覺。佛教的倫理及其教誡，不是神制訂的，它不代表一種權威，而是一種精神生活的指引。在佛教的倫理觀裡，法師並不是權威的代表。佛陀曾說：如來沒有所謂導師緊握的拳，法師是一位循循善誘的覺者。佛教所宣導的是一套重視個人內在開悟的倫理，要每一個人從許多苦難和煩惱中解脫出來，看到自己的本來面目，過創造性的生活。因此，佛陀的教誡是不要信賴傳聞，不要相信或依賴習俗，不要因為它是經典上說的或者因為它與你的信仰符合，或因為它是你的導師開示的話，你便信賴它，你要做自己的燈，只有依賴自己，不向別人或外力求援的人才能達到最高的境界。

相反的，另一種倫理則與佛教大相逕庭。它源自權威和絕對的服從。倫理和教誡是神所制訂的絕對規範，人不能違背它，否則就觸犯了神的意旨。因此，無論你高興或不高興接受，必須絕對的服從，因為它代表著至高無上的權威和絕對的力量。在這種權威的觀念下，人成為規範的奴隸，為了取悅神或權威，必須屈從那些不得不做的規範。如此一來，即使表現了最好的美德，仍然不能使自己成為主動的倫理實踐者；它不能成為醒覺的力量，不能成為健全的精神生活，因為他的心中一直還有所求、有所懼怕。在權威的倫理下，人失去心靈的自由和真正的慧性。

從另一方面來看，倫理和信仰是分不開的；因為信仰是個人對精神生活的肯定，缺乏信仰的人無異否定了精神法界的存在。事實上，信仰是人類心理活動的自然現象，也是與生俱來的一種心理需要。心理學家榮格認為正因為我們心中存在著對信仰的需要與現象，所以信仰是存在的事實，人不可以沒有信仰。但是從心理學來考察，則信仰有兩種類型：一種是人格健全發展的結果，是個人潛能實現後的真我之肯定，具有清醒的獨立性和創造性的特質。這時在精神生活上有了光明的取向，他們愛護同胞，慈悲為懷，體驗到民胞物與，有參天地化育的自在感，參入永恆的法界，所以稱它叫醒覺的信仰。透過醒覺與實現，把自己的精神生活提升到更高的境界，直到證入一真法界。因此，醒覺的信仰有以下幾種特質：

●第一，它具有良好的自發性，使自己生活在不斷的成長和實現潛能的喜悅中，並與別人分享。他們的一切努力是自發性的而非被強迫的。

●第二，承認生命及生活的有限性，而以恬淡和簡樸的態度去接納真理，以免除貪婪和無謂的妄想。

●第三，提升自己的精神生活，而不是專注於虛榮的追求。對生活本身的肯定，就是一種至高無上的喜悅。

基於這樣的信仰與實踐，生活上逐漸走向自主性而非強迫性。心靈漸漸地自由，智慧慢慢地開展，那就是佛的信仰。史密斯（H. Smith）在其所著《人的宗教・佛學篇》中，把佛陀所建立的教化歸納為以下六點特質：

●佛陀弘揚一個沒有權威的宗教。

●佛陀弘揚一個沒有儀式的宗教。

●佛陀弘揚一個沒有臆測的宗教。
●佛陀弘揚一個不依傳統的宗教。
●佛陀弘揚一個強調自力的宗教。
●佛陀弘揚一個非超自然的宗教。

佛陀揭示的無權威、儀式、臆測、傳統、恩典和非超自然的宗教，完全要我們從自主性和醒覺中去完成一個崇高的精神生活。只有這樣的道路，才是通往佛界的正道。另一種信仰是愚迷的信仰，因為所信仰的對象不合理。它起源於自己無能、屈從和不安，因此必須尋找代替自我醒覺和自我肯定的依賴對象，仰仗外力來支持自己，希望從對神的屈服中，取悅神祇而得到保護；從擁有許多財力和權勢中建立安全感。這樣的信仰是防衛性的，是執著於一切色相的，在精神上無從得到自主性的成長。

心理學家佛洛伊德認為愚迷的信仰，是人類對抗外在自然力量或內在本能力量時，感到自己孤獨無助，從而藉著情感的力量，期待著一種救世主的出現，因此一種虛幻的迷信宗教誕生了。權威式的宗教概念及不可冒瀆的神祇，是基於自己逃避現實，不敢清醒地面對自己「有限」的生活，所產生的幻覺。誠如弗洛姆所說：「在這過程中，人產生了佛洛伊德所謂的幻覺。幻覺的題材，取自幼時的經驗。當人面對危險，無法控制、無法了解那內發的或外來的壓力時，就憶起幼時的情景。幼時，他覺得有一個有智慧、有力量的人（父母）在保護他，只要服從命令，不違犯他的禁令，就可以得到愛及保護。因此，當人心理覺得孤獨無助時，就會回歸到這個經驗裡去。」迷信的宗教及精神的虛弱與退化有關，當人們把信仰建立在這個虛幻的概念上時，要想見如來面目和證入圓覺就有困難了。愚迷的信仰有以下幾個特質：

- 屈服於絕對的權威，否定了自己的自性、理體和肯定性。
- 把生活的真實性擴大到「無限性」，不斷地祈求神恩，自己卻不能積極振作，過實現的生活，博愛慈悲。
- 失去覺照，精神生活只建立在被保護的安樂窩裡，以致無從發現自性中的金剛般若。

愚迷的信仰表現出權威的倫理，它把人當做被造物來支配，把活潑和有創造性的真我否定。因此，佛洛伊德認為這種信仰會動搖道德基礎。他說，假使絕對的命令是決定倫理規範之準繩，那麼倫理道德的整個基礎亦必取決於人對權威的信仰。我們必須注意，權威的宗教信仰正逐漸衰落，如果宗教與倫理道德的關係還繼續下去，有一天我們的倫理道德價值也要崩解（參見弗洛姆所著《心理分析與宗教》）。

事實上，愚迷的信仰對道德的危害不止於上述佛洛伊德的說法，更重要的是一個人實踐倫理的智慧因愚迷的屈從而僵化。同時，愚迷的信仰也會把相伴而生且不合時宜的社會制度神聖化，透過絕對的服從，禁止懷疑和批判，智慧也就愈趨貧弱。

在佛陀的教化中，特別強調依自性和依自覺；只有從權威中解脫出來的自由人，才能見自本性，才能客觀如實地領悟自己在世界中所具有的獨一無二的意義，才有真正的醒覺去發揮自己的潛能，過實現的生活，慷慨地布施，與人分享，入平等性，入無相無住的甚深智慧。

佛教的倫理即是人文的倫理，佛陀諄諄教誨他的弟子要捨棄對權威的依賴，而要皈依自性。只有依賴自性，不向外力求援手的人，才能達到最高的境地。他對弟子說：「我去世後，莫對我祈禱，因為我走了便是真正地走了。」從心理學的觀點看，一個需要別人憐恤的人，永遠生活在脆弱的神經質裡頭，不容易發展出積極光明的精神力量。在《金剛經》裡，佛陀對他的弟子說透了佛教倫理的精要。也許正因為這部經典是要世人涵養純淨光明的自性力量，佛陀才會對他的弟子須菩提說，把這本經定名為

《金剛般若波羅蜜經》（意義是從此岸到彼岸的純淨智慧），簡稱為《金剛經》。佛陀在這本經書中揭示兩個重要的原則：

● 應如是降伏其心，以期徹底的醒覺、解脫和見性。

● 應無所住而生其心，以便發大智慧，成就一切功德，證入圓覺。

第一個倫理法則「應降伏其心」，是心靈的淨化，要把一切習氣、成見和執著加以清除。只有這樣才可能成為生活的主動者，不被權威所惑，不被物慾所矇蔽，不被色相所欺騙。這樣就能自然的投注於生活，張開你的眼睛，使用你的耳、鼻、舌、身，優游任運，過實現的生活。這樣就是無斷無滅，離色離相，究竟而無我相，威儀寂淨。因此，「降伏其心」是生活倫理的重要工作，它淨化我們的思想和情感，使我們更能表露純真的思想和情感。佛陀在《金剛經》上說：

我應滅度一切眾生，
滅度一切眾生已，

而無有一眾生實滅度者。

佛陀所指的滅度眾生，是自心中的不安、成見、執著和貪、瞋、癡三毒。人類應該從「眾生」中醒覺過來，直到不受其干擾，才能自由的生活。因此，佛教的倫理不是斷滅一切情慾和思想，否則喜根菩薩怎麼會說：「道及淫怒癡，是一法平等」呢？佛教的倫理要人類能夠徹底的醒覺，使自己接納自己的有限性，了解生活的本來面目，然後去實現如來的生活。所以佛陀教人要自力解脫，要自我提升，提升到高層次的精神生活法界，而不是以屈辱自己來祈求神的憐恤。佛陀說：

若以色見我，
心音聲求我，
是人行邪道，
不能見如來。

人若不自我精進，徹底醒覺，而以乞憐的心情想超生佛國是不可能的。在佛教中念佛法門是現在通行最廣的修行，但是念佛的本意並不是乞憐，而是念著佛的願力，跟他學習修行，然後念佛才有感應。不少佛教信徒口念心不行，老想著「帶業」往生，那是一種消極的思想，是錯解了念佛的真義。

佛教倫理的第二個命題是「無所住而生其心」。這是建立在「降伏其心」的基礎上。當一個人淨化了自己之後，已從消極性的煩惱中解脫出來，不再是被扭曲的性格，不再以乞憐的方式博得同情，不再以佔有和控制來逃避不安。他成為主動的生活者，是醒覺的，不再被境界所牽，所以他有了真正的自由。就在這時，他再度回去生活，處處散放著智慧之光，成為一個醒覺又有情的實現者，那就是大乘菩薩行。

無所執著所發出來的判斷是自由的判斷，是純淨而具有創造性的。透過這層訓練，我們才可能做到「事理無礙」，乃至「事事無礙」。人若有了成見就一定有偏袒，有了私心就會有所偏差，有了不安就會有所顧忌；當一個人能無所住時，他自然會作出公平的判斷。因此，要想維持一個自由民主的社會，建立相安和樂的社會秩序，國民必須具備「降伏其心」和「應無所住」的人道倫理。

就心理生活而言，強烈的我相所產生的自我中心，甚至達到自戀的程度，是「無所住」的主要障礙。當一個人有了自戀的傾向時，他的我相是牢固的，是扭曲的。這時他對外所產生的「人相」（對別人的看法）、「眾生相」（對事物及生活的看法）乃至「壽者相」（對壽命及永恆的價值觀）都起了強烈的變化，完全以自己為核心，把整個宇宙視為自己予取予求的對象，導致以有限的生命去凌駕無限的宇宙。這一來許多的矛盾和心理衝突隨即產生，處處覺得不滿、覺得委屈、覺得憤懣和抑鬱。

對我相的過份執著就是自戀，心理分析學把它解釋為動能從外在縮回，不能實現其潛能，而引向自我，因此產生自戀的態度。它的特質是把自己或自己的所有物當做迷戀的對象，如以他的身體、榮譽、知識、本領、錢財等作為對象，炫耀它，不容許別人勝過他。當他的「我相」或他的擁有物受到挫折時，便會發出強烈的憤怒或沮喪。憤怒使思考失去清明，甚至演變成暴力和沮喪，因而使他產生更強烈的自我防衛。

當一個人心中有了強烈的我相時，一切思考都有了執著，有了「有所住」，處處發生「顛倒」想。其最普遍的反應是：

● 第一，增強自我中心的意識，使外在的批評和規勸不能進入自己的意識領域。結果，愈是需要聽到忠言的時候，愈聽不到別人的規勸。這造成了智慧的頓塞，愚迷頑固，而且愈陷愈深。

●第二，企圖改變事實，希望別人相信他是對的。他發動各種攻勢，謠言惑眾，強辭奪理。許多開發中國家，在還沒有步上民主與自由之前，就被這種自戀性的政治人物誤導而步入歧途。

●第三，採取迎合的態度，這是見風轉舵的善變態度，一意使自己聰明、比別人強、有財勢；他的心中沒有清醒的時候，因為他只顧自己。

人一旦有了我相的執著，必然會有所知障（防礙理性的作用）和煩惱障（防礙情性的運作）。因此，「有所住」就不可能過實現的生活，不可能發展創造性的態度，當然也就不可能去關心別人，慈悲濟世了。此外，佛教的倫理特別強調「如是」（如實或清醒的意思）生清淨心，這不只是心理健康的表現，也是人類幸福的來源。佛陀在《金剛經》上說：

應如是生清淨心，
不應住色生心，
不應住聲、香、味、觸法生心，

應無所住而生其心。

當一個人能從我相中解脫出來時，生活上的一切事物及表現於色、聲、香、味、觸、法的種種活動，就不會有執著和作偽。這種醒覺後的純真，使自己生活在自由與創造的喜悅裡。從心理學來看，潛能的實現，就必須是在無所住的主動性下才有可能。潛能的實現就是成功的生活，它既是空的慧性，又是實現後「有」的福德；既是清淨心的自在，又是有所成就的喜悅。一個人做到這裡仍然不夠，還要保持「無所住」，要把它布施出去，要跟社會上的群體、個人乃至有情眾生共同分享，這與孔子所揭示的大同倫理是相通的。他在《禮記・禮運大同篇》中說：

貨惡其棄於地也，不必藏於己，
力惡其不出於身也，不必為己。

這種奉獻的襟懷與佛陀所謂的布施並沒有兩樣。不過佛陀還叮囑世人，要無所求而行於布施，要無所存心而行於布施，要沒有心機行於布施，要以平等心和清淨心去行於布施，這樣精神生活才能真正的提高到法界的層次。佛陀說：

應無所住行於布施……

菩薩應如是布施不住於相，

何以故？

菩薩不住相布施其福德不可思量。

真正的助人是不為人知的，真正的行善也是寂然力行的。只有這樣，才為自己的精神生活帶來甚深的福德。這時，還要把福德的名相放下，才能見佛如來。因為「如來所說身相，即非身相」，如來精神法體，不是用五官的現象描摹所能意會的。因此《金剛經》上說：

須菩提（佛的大弟子）！

凡所有相皆是虛妄，

若見諸相非相即見如來。

人一旦從比較、相對、執著和自我中心的我相中解脫出來，便開始面著真如，那就是如來空相，它即是菩提性，也是自性法體。這個法體是無色相的，只有在應用時才看到它的形相。如果我們執著於它千變萬化的現象，迷戀在色相，則法體就因之而障蔽。所以實現之後的福德和色相必須布施，必須放下，才能見如來，證入一真法界。

最後，我們要討論佛教倫理上一個被誤解最多的命題——佛教的倫理是消極的。本書主要的目的之一就是要澄清這個觀念。也許，從閱讀本書到現在你已有了澄清。佛陀的教誡是要透過醒覺、實現、布施的過程，才可能發展到無相，實踐「無緣大慈，同體大悲」的金剛般若，而見如來本性。這時一念「南無阿彌陀佛」，能遍及三千大千世界，所以叫一念三千。在這裡，我們需將一念三千作個解釋。天台宗把精神法界分為十個元素，即：如是相、如是性、如是體、如是力、如是作、如是因、如是緣、如是果、如是報、如是本末究竟。這十個元素與十個法界（佛、菩薩、聲聞、緣覺、天、人、阿修羅、餓鬼、畜生、地獄）可以互動而成為百界，每界又有十如，衍成千如，又透過過去、現在和未來三個時間的範疇，形成了三千大千世界；這三千大千世界就在見如來本性時合為一念，那就是無相，即是如來。

許多人對佛教倫理所以會誤認為是消極的思想，是一開始就接觸「無相」與如來，斷章取義，前後顛倒，結果把空、無相、無性的本體範疇誤為是用的範疇。這種看法不只是錯誤，同時還會走向斷滅的「無記空」，那就入了佛陀所謂的邪見了。《金剛經》裡有一段震人耳目的法言：

一切有為法，
如幻夢泡影，
如露亦如電，
應作如是觀。

這是佛陀對於已經修行到相當程度的菩薩說的。他們已經從自性因緣中醒覺過來，去濟度一切眾生，力行弘法利生的工作。他們由實現而布施，由布施種下無量福德，精神生活已經提升得很高了，心地也純淨了。這時才能體會一切有為法如幻夢泡影，因為那些都是現象的東西，只有不受制於現象，才能證入如來自性。

大乘佛教的倫理是積極的。佛陀揭示生命的生、住、異、滅現象，卻又要人類實現自己去慈悲他的同胞，乃至一切有情眾生，這不是很積極嗎？要培養精進光明的精神生活，使自己徹底的覺悟，解脫一切知的障礙和情染的障礙，而生活得更實在更圓滿，不是很積極的嗎？人總是要死的，不能因為要死而消極，更不能為生而為所欲為。不要把有限的生命看做無限而有了虛妄，而要把握難得的人生，實現出光明、永恆的精神法體，難道這不是積極的？

佛陀所揭示的倫理是世出世間法兼俱，是福慧雙修，是空有圓融，是過去、現在和未來同觀，所以叫做不二法門；是體用不二，是性相不二，是如如實實的人道倫理。它使人類心理生活得以安穩，豐足喜悅，精神生活得以不斷提升，並充滿希望。

信仰與精神生活

佛教是一種人文的信仰，從華嚴宗的信、解、行、證四個修行步驟至淨土宗的信、願、行的實踐過程，都建立在信仰上。事實上宗教的本質就是建立在信仰，而不是建立在推理和思辨。雖然佛教也兼顧教理的了解和實踐，但信畢竟是第一個因素，因信心帶給我們精神生活的希望。

信仰是建立在「希望」這個心理活動上。人類無論處於順境或逆境，都要抱著希望，隨時隨地為那尚未誕生的事物做準備。即使在我們活著的時候，未來世尚未誕生，卻不絕望。信仰如果堅強，則會培育出新生和成長，充滿光明和智慧。沒有希望或根本就沒有信仰，人類就會恐懼、厭倦或孤獨。信仰事實上就是一種心理動力，也同時是一種需要，它是實現生活的基礎。《華嚴經》上說：

信為道元功德母，
長養一切諸善法。

信仰使人類有了生活的指南和目標，也透過信仰成就了生命的意義。不過由於宗教信仰上有兩種截然不同的「教相」，而導致精神生活的極大差異。所謂的教相，並非指華嚴宗把佛教判別為小、始、終、頓、圓五教；也不是指天台宗把佛教區分為藏、通、別、圓四教。在這裡我們要借用弗洛姆的心理學理論，就信仰的本質，將宗教區分為人文的宗教和集權的宗教。這兩種不同的宗教取向，導致在教相上和信仰體驗上的不同，其對人類精神生活和智慧的增長，也因而產生了不同的影響。

集權的宗教信仰建立在畏懼、無能感、罪惡感和心理的不安上。因此對神產生崇拜和順從，祈求神的恩典、垂憐和赦免；人對神的崇拜是因為祂有絕對的權威和控制人類命運的力量，而不是神具有完美的德性和智慧。在信仰的態度上，由於屈服於超越於人的力量，所以否定了人性和個人的獨立、醒覺和統整，同時覺得有一個力量在保護他，成為生活力量的一部分。誠如喀爾文所說：「謙遜是一種充滿不幸與窮困之感的全然順從，這也就是對『神』這個字的合理描寫。」喀爾文所說的體驗正是集權的宗教之特質。

至於人道的宗教則起源於認清真理，一方面要醒覺並接納自己的有限性，一方面要醒覺到自己潛力，從而發展自己的精神力量，力行博愛，慈悲度世。在信仰的體驗上，不是屈服於萬能的神，而是要自己從無知、煩惱和障礙中解脫出來，把自己的精神生活提升到圓滿，而與宇宙的法界本體相契合，平等自在，並獲得喜悅。

集權的宗教和人文的宗教在教相、教理和體驗上彼此差異，弗洛姆在其所著《心理分析與宗教》一書中有詳細的討論，茲歸納其不同之點如次：

- 第一，人文宗教從人和人的潛能出發，提升自己入於神性；集權的宗教從神權出發，服從神的權威，才能獲得神恩。

●第二，人文宗教強調透過醒覺、潛能的實現和精神的提升，使自己如同神，人皆有神性；集權宗教要屈服於神，否定自己才能得救，最後仍然臣屬於神。

●第三，人文宗教認為神是較高的自我形像，是人的本來面目及未來修行的成果；集權宗教則認為只有神才有理性和愛，人把自己本有的美德投射在神上，反而使自己變得異常的貧乏。

●第四，人文宗教在發展人的自發性、智慧與慈悲，信仰的結果是自己要能做得了主；集權的宗教則重視依賴，因而失去主動性和慧性。

●第五，不同的宗教中雖有相同的態度如博愛和慈悲，但是人文宗教所表現的是無所求的給予，是精神提升後豐足的自然流露；但集權的宗教則來自對神的取悅。

●第六，人文宗教對神的崇拜是因為神的美德和智慧，人因信仰而帶動了對真理、慈悲和公義的實踐；集權宗教對神的崇拜是因為神的權威，所以人是被動的臣服於祂。

佛教無論是大乘佛教或小乘佛教都屬於人文的宗教。因此，佛教徒必須徹底力行佛陀所指導的修行法門，透過醒覺和實現的生活，力行六波羅蜜，成就正等正覺，與佛如來同一慈力，與六道眾生同一悲仰。

邁向莊嚴的精神法界

佛教的信仰在於發揮自己的慧性，其所傳布的各種法門，在中國傳布開來的，無論華嚴宗、天台宗、淨土宗、禪宗、密宗等等，都不離開清淨菩提心。就是要從無明煩惱中解脫出來，達到涅槃，息滅一切有為造作，伏斷所知和煩惱二障，入於莊嚴的精神法界——成佛。因此，佛教就生活的層面去看，要從非理性的情慾中解脫出來，過豐足和醒覺的生活，並發展理性與慈悲的力量。要人類追求智慧的成長、心靈的自由、幸福與喜悅。就人生的前瞻而言，它給我們一個意義豐富的未來——與十方諸佛同會華藏世界。

佛陀教化的宗旨是「法界唯心」。法界就在我們精神生活的本身，而精神生活的主要素材就是倫理。現在我們要從另一部經典《梵網經》來討論佛教倫理的本質。在這部經裡，佛陀把倫理和心理（心地法門）完全的融和。倫理不是單純的規範或戒條，而是一種心地所流露出來的德性和能力，所以倫理涵藏著智慧、能力和完美的品德。當人類的精神生活達到澄澈光明時，就具有超越慾界、色界和無色界三界的能力，而證入一真法界的華藏世界。

《梵網經》是一部專談從倫理入手、提升精神生活的經典。它可以說是華嚴經教的實踐倫理學，也是入華嚴海會的藍圖，證一真法界的進階。淨空大師指導我習華嚴經教時，親賜偈頌曰：

依梵網菩薩心，
行入華嚴不思議解脫境界，
安住彌陀寂光淨土。

依梵網而即知即行，頌華嚴而神遊法界之莊嚴，天天念佛而觀入寂光淨土之深妙。故《梵網經》正是精神生活理事互攝的指引，從而顯露無緣慈和同體悲的清淨菩提之心。

佛陀教人由覺而證入佛性是有次第的。覺有三個階梯，第一為自覺，是平直而行，依根性因緣任運生活；不被境遷，不被五慾所縛，不受煩惱和所知二障所蔽，就是自覺。第二是覺他，是指與「二乘」不同的醒覺。二乘（即小乘）以空見為綱，以厭生死取涅槃的心態，只求空滅，充其量只是自了漢。大乘則於自覺之後，實踐梵網的倫理，實現自己，布施與人；運無緣慈，起大悲心，廣化眾生。第三是滿覺，是悲智雙運，萬德圓滿，究竟覺了之佛。這三個階段在《梵網經》中得到融和，三覺合一覺，完全在倫理的精神生活中表露出來。因此，明朝律宗大師寂光說：

梵網二字乃因人所具之莊嚴，
若能回真向俗，
始知佛陀說梵網以度人，
始知人人持梵網以成佛。

因此，《梵網經》是學佛證道之指引，是融和世出與世間法的橋樑，是過去心、現在心和未來心所以不二的根源。梵網即是道德，它是法界的新生和醒覺的序曲。我們必須了解道德倫理並非世人功利心的旁白，而是精神生活成長的資糧；現實生活只是生活的一小部分，凡塵的種種夢影不過是未來法界生活的開端。如果不以堅毅的心志去實踐那經由醒覺所發展出來的倫理，慷慨的布施，則通往法界、成佛成聖的可能性就不存在了。

倫理是一種我們自身生活的實現，而理論和邏輯則只不過是經由思維和感覺所編織的觀念，所以倫理是絕對的力行，不是知性化的知曉。梵網的本質就是實踐倫理，而不是建立一套儀式和死的教條，因為儀式和教條會僵化實踐性的智慧。佛陀所教誡的梵網究竟是什麼呢？這要從經典的內容說起。

這本經典如果依華嚴判教區分來看，應屬於圓教的經典，它是法界與教理不二的教典。它一開始就像一本高妙的文學作品一樣，談到釋迦牟尼佛入四禪天摩醯醯羅天王所住之處。這個地方又叫色自在天，修證到十地的法雲地菩薩就住在這裡。他們的修行和精神生活都已到了最勝境界，再加應證就要成佛了。這時眾菩薩們正在討論蓮華臺藏世界，以及報身佛盧舍那佛演說心地法門，闡明法界唯心之精義。

盧舍那佛象徵修行已到諸惡淨盡，眾德悉滿，證得圓滿之報身佛。這時，化身佛的釋迦牟尼與法身佛（毘盧遮那佛）和報身佛相互輝映。清淨法身、圓滿報身、千百億化身這三身原是一體的，現在象徵千百億化身的釋迦牟尼身上放慧光，照遍了一切世界。我們須知，法身是體，托報身而顯；報身是性，因法身而成；化身是生活大用，故云千百億化身。此時座中的玄通華光菩薩也受到德性慧光的感應而放光，光照一切世界。可見這位菩薩也是證入十地，入精神法界的最高層次了。接著，釋迦牟尼佛以化身佛的神通妙用，把法身、報身、化身融和為一，讓華藏世界、天、人連成一氣，使得菩薩、乃至人、天同時能夠看到精神法界的增長和提升的序階，一幅美麗的遠景展現在眼前。

這時眾菩薩及佛陀的弟子異口同聲問道：這等光明的本性是什麼？化身佛的釋迦牟尼為了要讓大家了解真相，就把大家一起接引到華藏世界（引導大眾神馳向往那精神的最高層次），來到紫金剛光明宮中，見到盧舍那佛坐在百萬億蓮華赫赫光明的座上。這些百萬億蓮華光明是實踐倫理的果報，表示報身佛證果之莊嚴。這時釋迦牟尼佛帶著大眾，敬禮盧舍那佛，深表對圓滿果報之崇敬，並替菩薩諸眾詢問盧舍那佛，如何才能成就菩薩十地，證得佛果，並廣問如何實踐菩薩的行持。這時盧舍那佛很歡喜的現「虛空光體性，本源成佛，常住法身三昧」（精神生活的圓成實性），如實地告知大眾，要諸大眾諦聽、善思、修行，透過信、解、行、證來證入精神法界。

這時華藏海會上，盧舍那佛化為千釋迦，千釋迦化為億萬釋迦，一一世界有釋迦坐菩提樹下，各說菩薩心地。整個的法會成為一個法體，諸眾菩薩於聽得法門後，如是修行皆可以成佛，成就釋迦牟尼，其意是「能仁寂默」：能仁而不住涅槃，寂淨而不住生死；亦表能忍，能含忍於善惡，而又無生於寂滅。

本經揭示了人人皆有佛性法體，必須依法行證，依因緣根性實現修行是為化身，行果圓滿是為報身。所以現在法會上有億萬釋迦同時為諸眾生請教盧舍那佛，請演說成佛證道的心地法門。這時盧舍那佛所說的就是精神生活的訓練——十住、十行、十向和十地，我們來看看這個集法身、報身和化身於一體的精神生活之實踐倫理是什麼。

崇高的希望和願力——十住

前文討論倫理與精神生活時，曾經述及希望是人類心理生活的一種需要，正因為它是存在的，所以它在精神法界上是真實的。此外，我們也可以肯定，當我們有了一個邪惡的希望時，就會充滿恐懼和不安；當我們抱存著善意的希望時，我們便充滿著對未來的憧憬。善與惡之間並不完全取決於理性，而是取決於人類精神生活是否能不斷的向上成長。凡是有礙於我們身心的成長和自由，有害於社會的互利共存的就是惡，因此善是醒覺所發出來的慧性之表現。透過這個慧性，還必須以事情的本身做經驗的檢證，所以在華嚴宗所提出的四個法界裡，以「理事法界」之融通無礙為中道，以「事事無礙」法界之自在為至善。

人類的心理生活所抱持的希望就是精神生活之善性，它既是我們的天賦，也是我們覺得喜樂與豐足之源泉。因此，希望是人類邁向高層次精神生活的起點，也是嚮往精神生活的趣向和動力。它是一種準備，是一種光明的心願，而且是積極於付諸實現的願力。此外，希望當然也與慾望不同，慾望的本質是貧乏和貪婪、享樂和墮落；而希望則是精神生活的豐富和成長。於是在華藏海會時盧舍那佛說：

諸佛當知，
堅信忍中，
十發趣心向果。

發趣心不只是一種希望，同時也是生命與生長的本質。它不但是理性的思維，同時兼具感性的情操，就像太陽的熱能一樣，滋孕了我們的精神生活。這個心理的趣向，給自己發動了邁向成長與光明的動機，成為一股堅毅的力量。在佛教的倫理學裡，認為它能成為五種力量，這五種力量就是：

●信力：由豐富的自信和崇高的信仰所發出的力量。

●進力：由光明心志所發出來的積極力量。
●念力：由良好的信念所發出來的堅定力量。
●定力：由純淨的抱負所孕育出來心安理得的定力。
●慧力：由不斷提升和心理的自發性所發出的智力。

透過這五種心志力量，趣向證果的大願就非常堅固了。這個由希望到堅定的過程，就是求道動機。不過光是動機還是不夠紮實的，所以盧舍那佛列出了十住心，它是十種常常用來校正是否動機強固的標準：

●捨心：布施給予的發心。
●戒心：維持正當的生活習慣的決心。
●忍心：心如虛空的容忍心。
●進心：努力不懈的積極心。
●定心：堅定的心志及不被境界所牽的定淨心。
●慧心：保持醒覺免於障礙的智慧心。

●願心：發願成就正等正覺的願力心。

●護心：維護自己不令鬆散之守護心。

●喜心：對生活充滿歡喜心。

●頂心：抱著崇高信念的超越心。

這十個發心，總歸一句話，就是要以踏實堅定的心志，從煩惱生滅的此岸，邁向光明自由的彼岸；下定決心要從「煩惱暗宅中，常須生智慧」，如果自己沒有追尋崇高的精神生活的決心，就不可能有好的精神生活，深入法藏，證入無餘涅槃。《六祖壇經》中說：

自若無道心，
闇行不見道。

當我們打從心中發出宏願，而且願願都含十住，則生活的崇高理想就能落實。發心不只是一個念頭而已，必須是有了具體的藍圖，才有如實的大願；它帶給我們希望，也帶給我們實踐的力量。

涵養倫理的實踐能力——十行

倫理是一種實踐智慧，而不是死板的教條。德性表示我們有了正當的行為，德性與智能、自我控制和肯定性有關。更具體的說，德性是一個人健全人格的表現，他包含了思考、認知、情緒、情感等等的綜合運作。所以在倫理學上如果僵化地規定何者為善、何者為惡，這本身就等於在壓抑人類的智慧。另一方面，在人、事、情境變化之下，對於同一件事情的回應必然有所不同。如果有了善與惡的絕對規範，就會造成障礙，發生利害關係上的衝突。所以盧舍那佛這位象徵智慧圓滿的報身佛，便採取非善非惡的力行方法，要大眾發揮自性中的智慧，並從實際的行動中磨練。

教育心理學家柯柏格（Lawrence Kohlberg, 1927-1987）認為：道德教育必須配合心智成長的次第從小開始陶冶，同時兼顧道德智慧和道德習慣的養成。《梵網經》中所揭示的力行倫理，亦有異曲同工之妙。

首先，十行中的前四行是慈心、悲心、喜心和捨心，這些在佛學上稱為四無量心，是指面對一切眾生要以此四種存心和態度來對待他們。《俱舍論》上說：

以無量有情為所緣故，
引無量福故，感無量果。

四無量心是佛教徒待人接物的基本存心，也是判斷自己行為是否合乎中道的理則。現在我們要進一步去追究，為什麼要以四無量心的「心」做為力行的法門呢？顯然，「心」字代表能力，它是經過思考，透過健全人格所表現出來的活潑能力；它是清醒的、具主動性的，是成熟的心智自然流露的智慧。龍樹菩薩在《大智度論》中說：

慈名愛念眾生，常求安穩樂事以饒益之．
悲名愍念眾生，受五道中種種身苦，
喜名欲令眾生，從樂得歡喜，
捨名捨三種心，但念眾生不憎不愛。

從以上解釋看來，慈就是博愛，悲就是救濟別人的苦難，喜是以助人為樂，捨是無所求的行善。這樣的心智能力是力行梵網倫理那種內聖外王的基礎。

這四種實踐的能力，能生無量的福德，對治人格成長上所發生的障礙。《大智度論》上文說，為了對治內心的瞋毒，就要培養慈心；為了對治內心的惱怒，必須培養悲心；為了對治情緒上的鬱悶，應培養喜心；為了對治愛憎愚癡，應培養捨心。把這些心理上的障礙加以清除，就能使心智不斷成長，精神生活不斷提升，所以說這四種實踐的能力是無量甚深的智慧。

唐朝禪宗大師法眼文益的弟子，有一天問道：「什麼是古佛的心？」法眼禪師說：「是從那裡流出慈、悲、喜、捨出來的。」

四無量心是佛心流露出來的，如果我們實踐慈、悲、喜、捨，就可以契入佛心了。

其次，十行中的第五行至第八行是四攝事，這四攝事的實踐也是要從心裡頭發出來的。它們分別是：

- 施心（布施）：普惠無惜，以自己的能力幫助別人。
- 好語心（愛語）：良好的人際溝通。
- 益心（利行）：方便別人。
- 同心（同事）：能設身處地，己所不欲勿施於人。

這四種能力是佛學上四種跟別人廣結善緣和處理人際關係的智慧。人是不能離群獨居的，因此與別人相處的能力是必備的條件。從心理學的觀點看，人若在人際關係上適應不良，必然會造成精神生活上的困擾。

人際關係也是人類互利互助、互愛互信的基礎，解決問題的智慧是從互動中相互激發得來，因此群性與社會關係能力是精神生活不可或缺的一環（按：有關四攝事與人際關係之討論，請參閱《優游任運過生活》〈培養好的人緣〉一章，遠流出版）。

培養仁德的第三個力行法要是定心和慧心，這是禪宗見性成佛的心要。《六祖壇經》上說：

即心名慧，即佛乃定，
定慧等持，意中清淨；
悟此法門，由汝習性，
用本無生，雙修是正。

人類的心理活動總是在定淨中才發揮最高的創造力，在進行一項創造活動時，心中也變得專一篤定，所以六祖慧能說：「定是慧體，慧是定用；即慧之時定在慧，即定之時慧在定。」定慧是提升精神生活的最根本倫理。

盧舍那佛在說法中揭示十種能力（十行）來提升精神生活，那就是要從四無量心的慈、悲、喜、捨做起，從四攝事的布施、愛語、利行、同事中去過合群的社會生活，從定慧等持中過實現生活，見本無生滅的自性。這十個行門各代表一種實踐的能力，而不是死板的教條。四無量心是悲智雙運的能力；四攝事是立身處世、待人接物的能力；定慧的功夫則為入精神法界的方法。

這十種能力必須自己實際去體驗，在生活中實際磨練，才可能培養到純熟的程度，甚至成為習慣，一種不加思索即可如如運作的智慧和能力。

實踐大乘菩薩上弘下化的襟懷——十迴向

人類的本性和資賦，經過十行的訓練，培養出實踐精神生活的能力之後，並不能就此停止。因為這時才真正要實現生命的意義，要把甚深的智慧和能力，普注到現實世界，去普照一切有情眾生。這就好像我們從學校畢業，獲得能力和學識一樣，必須回到社會來服務。所以佛教的宗旨基本上是入世的，不過那是一種出世的入世，是一種奉獻而不執著的入世。

從華嚴經教的教理來看，如果修習了十住和十行，不再繼續努力下去，即使得到定慧的功夫，也只不過是自己一個人在現世得到無礙，而沒有把它提升磨練，擴大應用。所以他的能力等於沒有經過實際應用，而得到更高層次的提升，距離所謂「理事無礙」和「事事無礙」的精神法界還遠。因此，一旦他離開現狀，投注到另一個情境，就會有了困難和障礙。套用世俗話說，修習了十住和十行只不過是一個知識份子，而不是真正克竟全功的成功者。

另一方面，就心智成長而言，當我們自己進步到很高的階段，如果不用來迴向給自己的同胞，乃至一切有情眾生，那麼充其量只是一個自了漢，一個獨善其身的小乘行者，而不是兼善天下的大乘菩薩。

從以上的討論，我們不難知道盧舍那佛接下去要說什麼。當然，他要說的就是十種迴向，那是實際履行大乘菩薩的任務——上弘（求）下化。盧舍那佛這時接著對法會上諸天、人及菩薩眾說：

從十長養心（培養十種力行的能力），

入堅修忍中（入無生忍的極至），

十金剛心向果（實踐十迴向以圓滿德性）。

在這個階段裡，不但要向上迴向，提高自己的精神生活，不斷的超昇，達到圓滿的境界，參入精神宇宙的最高頂點；而且還要向下迴向去拯救世界，拯救其他有情眾生。這兩種實踐是互補的，是相得益彰的。要想成就上弘（求）下化的大乘菩薩德行，就必須具有以下十個條件（即十迴向）：

- 信心：必須時時保持正確的信仰，對精神法界的嚮往，決定成佛，堅信不移。
- 念心：時時繫念華藏世界十方諸佛，念念不失佛法正智。心繫道業而發信、解、行、證之願力。
- 迴向心：不停向上迴向，提升精神生活，心心實相，念念真如；同時要下化眾生，濟度有情。
- 達心：通達佛法，從文字般若入手，來醒發自性般若，再發而過實現的生活。
- 直心：依自己的根性因緣去生活，去實現功德，雖然彼此性向興趣不同，但成就的德性則是平等的，故云「直照平等」。

- 不退心：不起邪心邪念，不執著於實現生活的一切成就，這樣才能虛心向上，成就萬德，行果圓滿。
- 大乘心：「己立立人，己達達人」，慈航普度，令諸眾生同入佛海。
- 無相心：不受現象界的迷惑，不被物慾所迷，不執著於成見。
- 慧心：從理事無礙到事事無礙，心靈得到徹底的自由，能在生活中無集無受，成就一切法而離一切法。
- 不壞心：像金剛一般的心智，邪魔不壞，境界不能牽，入佛威神，出沒自在。

顯然十迴向就是十種實踐大乘菩薩道的德行規範。以上所列十種德行，只有完人（perfected man）才可能具備這些特質，也只有人格成長到相當完美的人才有履行上弘（求）下化的能力。

總結十迴向信心、念心、迴向心和不壞心是心理學上所謂方位體系（frame of orientation），它是人類心理上追求定向的心靈活動。它發展出宗教、信仰和倫理，而且只有高級的人文宗教和倫理，才能給予人類清醒的視野，拓展理性、自由和崇高的價值。其次是達心、直心、不退心、大乘心、無相心和慧心，則在導正人類追求成長和超越的天性。

盧舍那佛深知人類一旦以權利和物慾來滿足這種需要，必然導致瘋狂的競爭、無盡的煩惱和墮落。因此提出了達心、直心和無相心來引導菩薩，避免擁塞執著，光明剔透地看出一切事物的本來面目；再用不退心和慧心，保持積極而清醒的創造力和回應能力；最後用「己立立人，己達達人」的襟懷，跟一切有情眾生力求同登法界，而發展出最好的相屬感。它徹底治癒人類先天上的不安和孤立，得到大自在的精神生活。所以大乘菩薩實踐上弘（求）下化的倫理，並不是只有成就愍念有情眾生和服務社會的慈悲觀念；更重要的是他自己在服務人群中，得到心靈的成長，獲得精神生活的滿足和提升。正因為如此，菩薩的六波羅蜜行，在無所求之中得到了更大的碩果，漸漸悟入精神法界。

入精神法界的進階——十地菩薩

我們是否有好的精神生活，端看自己有沒有正確的信仰。這個正確的信仰是否能帶動自己實現成功的人生，就要靠自己下定決心去實踐。因此盧舍那佛告訴眾菩薩，修行的第一步就是住心於正信。如果缺乏正信必然要淪落在煩惱愚癡的深淵。其次要長養強烈的向道動機和學習精神生活必備的能力（十行）；繼而要實地去練習，從上弘下化中（十迴向）不斷提升精神生活，漸漸悟入法界。

精神生活若能提升到這個階段，就相當於完成了《成唯識論》中所謂的資糧位、加行位和通達位三個部分。接著盧舍那佛再把與會的眾菩薩帶到更深一層次，進入菩薩的修習位。現在要討論十地的修習法門了。

菩薩經過上弘下化的努力之後，自己漸漸福慧增長，為了徹底達到自在解脫，證菩薩正果，要經過十個階段的專修。《華嚴經疏論纂要》上說：

十地菩薩，
斷十種障，
證十真如，
真如體性實無差別也。

這十個修行階段，主要就是要證入究竟位的準備，它在佛學上又稱為十波羅蜜。什麼叫做十地呢？茲歸納如下。

平等地——布施波羅蜜為最勝

這個階段的菩薩注重修布施波羅蜜，以捨心來觀一切生活，伏斷執著和比較所生的煩惱，了知空性，放下一切相取見取（不被現象所欺，不被我見所迷），能自利利他，心中充滿喜悅，所以也叫做歡喜地。有了歡喜的情性，有了空的修養，和光接物，生活障礙減少。就心理學的觀點來看，布施就是給予，能給予別人需要的幫助，自己當然有一種豐足歡喜的體驗。布施表示能捨，能放下種種情緒性焦慮和挫折。當一個人能勘破因緣所生法的「空性」時，心理生活就變得平靜。這時可以「行無量大願，辯才無礙，一切論一切行，我皆得入。」於是證入「遍行真如」，寄位轉輪聖王。《梵網經》云：

生出佛家，坐佛性地；
一切障礙，凡夫因果；

畢竟不受，大樂歡喜。

入歡喜地的菩薩已經能做到「無緣大慈」的行持，他們不分別親疏、不計較報償地幫助別人，能夠在世間法中實現出世間法的德行，做到「入色受報而心心無縛」。

善慧地——戒波羅蜜為最勝

精神生活之所以墮落都因無明而起，所謂行苦、苦苦和壞苦三苦，是人類苦難的根本來源。行苦是迷失在色、受、想、行、識五蘊裡頭，才會不斷造業，一切看不開而遷流不息，心理失去平衡。苦苦是心理失衡，焦慮不安，加上外界種種境遇，造成苦中加苦。通常有了情緒症的人，最容易苦中加苦，乃至無法承受，造成精神崩潰。至於壞苦是指壽命的有限性和疾病的折磨。

菩薩修行到了此地，雖然粗重的塵垢已經洗滌殆盡，但是細微的煩惱塵垢則仍不能免。因此要進一步去勤修戒律，加行持戒波羅蜜。透過對戒的訓練，把塵勞清除淨潔，所以叫做離垢地。就在這同時，菩薩也要徹底體認苦、集、滅、道的教誡，從而獲得解脫。所以盧舍那佛告訴諸眾菩薩說：

清淨一體，體性妙智，
寂滅一諦，慧品具足。

佛陀在鹿野苑為憍陳如等五位行者說法時，特別提出離苦得樂的法門。他說，人生是苦的，為什麼會苦呢？因為我們有了許多執迷愚癡，給自己帶來許多煩惱和痛苦。如果想要離苦得樂，就必須洗淨心中的塵垢和無明，光明的本性自然流露，那就是正道。所以二地所修的就是「最勝真如」，寄位忉利天王，並以此度化眾生。

光明地——忍波羅蜜為最勝

醒覺與正確的認知是分不開的，而認知的活動卻很容易因為人格的因素而受扭曲。一個有強烈情緒反應的人遇到挫折，跟一個人格成熟而情緒穩定者相比，差別很大。前者會認為挫折很強，引起的焦慮和情緒強度大；後者忍受性較好，能靜下心來檢討並思考解決問題的方法。因此，忍受性較好的人，人格比較健全，也有較好的智慧。

急躁焦慮的人容易犯所知障，他總是急於揀現成的，很容易受外界刺激牽動，所以邪見、成見、動怒、對立都因之而起，所知障就很嚴重了。因此菩薩要進一步修忍波羅蜜，要能耐得住，靜心去處理事情，去研究思考，才能有個清醒的生活，方不致被種種色相物慾所障蔽。於是忍波羅蜜成為精神世界的關鍵，所以也叫陀羅尼（總持）法門。

能忍則能定，能定則生慧，依忍法行聞、思、修，才能突破表面的意義，得甚深了義，發無邊智慧，所以這個菩薩行位也叫做發光地。《梵網經》上說：

一諦之音（指忍波羅蜜），
國土不同（成就了不同於塵世的法界），
身心別化（色身等同法身了）。

能忍則不會被貪、瞋、癡所轉，真正體會到不生不滅的妙用，一切自然如如現前，而十方佛土的精神法界從中顯現，證「勝流真如」，寄位夜摩天王。

爾燄地——精進波羅蜜為最勝

人類的心理經常存在著不安和焦慮，因此產生了唯識學上所謂的煩惱法。這些煩惱法包括六種根本煩惱，即貪（貪婪）、瞋（憤怒）、癡（癡愛）、慢（傲慢）、疑（猜忌）和惡見。惡見又可分為五種，即身見（自我中心）、邊見（偏見）、邪見（不正常的見）、見取見（成見）和戒禁取見（固執見），這裡所謂的見就是指觀念或態度。

除了這些根本煩惱之外，還有隨煩惱，它們都是一些不當的習慣和不良適應。它會影響我們的精神生活，因此要「起燄慧智火，燒一切根本煩惱和隨煩惱」，愚障既斷，智慧也就能光明的照耀自己的人生，證「無攝受真如」，寄位兜率天王。

什麼是燄慧智火呢？根據《梵網經》可以解釋為精進的醒覺。要以精進不懈的恆心去實踐十覺支，針對信仰、思想、定力、精勤、觀念、智慧、觀照、輕安、喜悅和放下，作徹底的醒覺，同時要把追求禪定和佛法的心完全放下，才見光明本性，得真正的善巧智慧，積極度化眾生。《梵網經》上說：

入善權方便，
教化一切眾生，
能使得見佛體性常、樂、我、淨。

修行爾餤地能使菩薩悟入中道，見本性真我，體驗到真我的常、樂、我、淨，一切具是猶如金剛，故可以教化一切眾生，悟如來藏。

慧照地——禪波羅蜜最勝

對一個修行者而言，最主要的目標是要離生死證入涅槃。正因為有了這樣一種動機，很容易執著在離生死而向涅槃的死胡衕裡，造成斷滅空。因此要修禪波羅蜜，要從定中生慧，真俗無礙，把精神生活落實在世間法和出世間法上。菩薩必須能在凡塵世間生活，經得起種種物慾的引誘，種種煩惱不能牽動，這是很難的，所以又稱為難勝地。修此地菩薩證入「類無差別真如」，寄位化樂天王。

慧照地的菩薩，由定而入慧。明白事理，不為是非所困；別善惡，但是不被善惡所牽。所以能發大智慧，現種種創造性，「皆是菩薩大方便智力用所作」，所以叫做不思議智慧。《梵網經》標示此地菩薩行者為：

是人大明智，
漸漸進，分分智，光光無量無量，

不可說不可說法門，現在前行。

精神生活因禪定而漸漸深遠上進，能分分證得諸佛一切種智，而實現於生活之中，其光明德性，不可言傳而如實地現在眼前。

華光地——般若波羅蜜最勝

菩薩修行到了慧照地，智慧不斷增長，得一切種智，但仍未決了。因為還有相的障礙，它會產生染淨的分別，所以現在要動用般若智，去體會無相、無性，而知一切法無有染淨，無住相作意，令真如圓滿呈現，所以也叫做現前地。這裡所以證的真如為無染淨真如，位寄自在天王，以般若為最勝。《梵網經》上說：

菩薩體性光華，
能於一切世界中神通明智。

修般若行深悟諸法空相，不生不滅，不垢不淨，不增不滅。了達一切相都由緣起，無論是我相、人相、眾生相、壽者相都以因緣而起，了達性空即是緣起，緣起就是性空，所以在精神生活上就顯得自在了。

這裡所說的空即是實，是沒有染淨，沒有人我對立，故能成就最高的智慧和神通。

滿足地——方便波羅蜜最勝

菩薩到了悟「一切智智」時，就要以方便力來度眾生，於是修方便波羅蜜，悲智雙運，自度度人。現在他已遠離色界、欲界和無色界中種種習氣，超過小乘的修行法門，身、口、意三業均入無漏，所以能常住三昧淨法，得六神足。這六神足是：欲具足（欲攝化眾生）、進心足（精進無滅）、念心足（了知一切眾生心念）、智慧足（能深悟真俗二相）、解脫足（從無明煩惱中解脫）、六通足（具有六神通力）。這時心胸開闊，救度眾生不可限量，所以叫遠行地。《梵網經》上說：

能以無量法門隨眾生心，
令其心行。

此地菩薩入六道眾生，善巧方便開導。「觀三界塵等色，是我故身，一切眾生，是我父母」，得悟眾生平等，證「法無差別真如」，位寄初禪天王。

佛吼地——願波羅蜜最勝

在十地中，前五地以修「有相觀」者多，而「無相觀」者少；入六地後，無相觀者多，有相觀者少；到了第八地以上則為純無相觀。無相觀表示完全從分別智中解脫出來，而由自己內在自動產生願力，從而「入法王位三昧，其智如佛，佛吼三昧故。」一稱為佛吼地。這時，菩薩已能優游任運，無需加行，亦能合乎中道，不為一切煩惱和境界所動，所以又稱為不動地。

佛吼地菩薩還要修願波羅蜜，一為求菩提願，二為度眾生願。此二願雖然在初發心時已具備，但不能恆常維持；菩薩到了不動地時，這二願則從不間斷。這時更提升了上弘下化的精神層次，如《梵網經》上所說：

入無量佛國土中，一一佛前諮受法；
轉法度與一切眾生，而以法藥施一切眾生，

為大法師，為大導師，破壞四魔；
法身具足，化化入佛界。

這時可以入空慧門，體驗到空有不二，以不有而有為「真空妙有」，故云「菩薩以是甚深般若智照法界，圓融事理，一切無礙」，證不增不減真如，寄位二禪天。

華嚴地——力波羅蜜最勝

菩薩位寄二禪天時，一切無礙，證入空慧，有時候在利樂有情方面，有了不欲勤行。這時雖然智慧具足，但不能把智慧如如發揮出來，所以要斷此障礙，方登善慧地。因此，要修力波羅蜜多。成就八十種好，三十二相，相好莊嚴，無量大悲光明，更精進度救一切六道眾生。《梵網經》上說：

菩薩常行六道，現無量身，說無量法；
轉魔界入佛界，佛界入魔界；
轉一切見入佛見，佛見入一切見；

轉佛性入眾生性，眾生性入佛性。
其地光光照，慧慧照，明燄明燄無畏無量，
十力、十八不共法，解脫涅槃，無為一道清淨。
以一切眾生作父母兄弟，為其說法，盡一切劫，得道果。
又現一切國土身，為一切眾生，相視如父如母，
天魔外道，相視如父如母。

修行到了這裡，精神生活產生了高貴單純的光明性，永不熄滅，而且含藏著創造的能源，所以說已證入智自在真如，位寄三禪天。

法雲地——智波羅蜜最勝

第九地菩薩雖已證得智自在真如，現在要修智波羅蜜，使法身圓滿，性智清淨，空有兩忘，極證中道之理，證菩薩法身圓滿，體性無為，得平等智，見如來性而有如來十種功德（如來、應供、正遍知、明行足、善逝、世間解、無上士、調御丈夫、天人師、佛）。證業自在真如，一切惑業悉皆解脫，與真如理得到相應，寄位四禪天王。

《梵網經》上說：

入佛界體性地，

其大慧空空復空，

十功德具足，

故名如來。

菩薩修十地法行果圓滿，即到精神法界的最高層次。那就是華藏莊嚴世界，也就是一真法界的正覺世間。到了這裡，就要成佛了。但是大乘菩薩在證得法身之後，並不就此離開凡塵的世界，他們乘願再來，化度有情，「雨大法雨，充足一切枯槁眾生」。那就是菩薩「無緣大慈，同體大悲」的極至悲願。

最後，菩薩實踐悲智願滿，行果雙圓，才入一真法界，住常寂光淨土。這就是大乘心地法門。

然而，為何圓滿實踐十地法門之後，可以住於常寂光淨土呢？我們在第二章已經討論過：實現原有的業力，轉識成智，可以把無明的業力種子淨化出來，並成為利己利人、化己化他的力量。這時如果同時修空門，讓自己不再造業，則可以從真空妙有中徹底解脫出來。正因為福慧雙修，世出世間法不二的法門，才完全圓滿了精神生活的活動。從而見如來藏識，入於毘盧遮那性海的純淨光明，也證得了《般若經》所謂的純潔光輝的心靈，那就是寂光淨土了。

現在如果我們回顧一下十地法門，我們會發現前面的六地是在實現六波羅蜜，是有空雙運的，是真空妙有的實現。後四個波羅蜜，則分別增強了六波羅蜜的不足。第七地的方便波羅蜜使人懂得權實並用，活潑創造。第八地和第九地分別為願和力兩個波羅蜜，用以保持恆常的上弘下化，過更圓滿的實現生活。第十地所修的智波羅蜜為「無上智智」，是空慧之圓滿。人類精神生活發展到這地步，已經成就了最高層次的精神法界。因此，我們可以得到一個結論，菩薩十地行的倫理，與前面第二章有關精神生活提升的論證是相脗合了。

伍

中觀的生活智慧

佛法

不生亦不滅，
不常亦不斷，
不一亦不異，
不來亦不去。
能說是因緣，
善滅諸戲論，
我稽首禮佛，
諸說中第一。

——龍樹菩薩《中論》

釋義

倘若我們能透過中觀的智慧，
以不生不滅不常不斷
不一不異不來不去，
契入如如實實的生活，
就不會被因緣所生的煩惱障
和所知障所縛，
而把自心中流轉不息的業力淨化，
那就是生活、修行和成佛相互融攝的
法門。
我心悅誠服的禮敬佛陀的教化，
敬愛他所說的第一甚深法要。

醒覺和倫理的實踐是人類精神生活得以健全發展、覺得豐足和充滿希望的主要原因。它不但能讓人類在心理生活上免於失衡，免於被物慾所牽而被煩惱所縛；而且也是人類得以不斷進步、維持和諧與創造文明的動力。更重要的是它是人類提升精神生活、直登精神法界的坦途。它給孤寂的人類一個希望、一個方向和光明的歸宿。

然而，佛教自從佛陀開始，就一直在叮嚀他的弟子：凡是經過語言文字詮釋出來的道理，它本身並不是道，如果我們一味遵行，未必就能「見道」而證入精神法界。語言畢竟是語言，它不是精神生活的智慧。如果我們以死板的態度去看待十住、十行、十迴向和十地，很容易把這些條目誤認為是具體的教條。當我們以死的教條來範定生活時，人被教條束縛了，佛法的智慧即刻消失。教條不但失去了原有的法義，反而成為障蔽智慧的所知障。

此外，精神生活是由人來傳承的。在傳承之中，傳授者無形中會形成一種權威性，對於弟子而言很容易產生絕對的服從，學生不得不依順他的教導。這種現象對於一個初學者來說是必然的現象，同時也是教與學互動的動力；但彼此間的關係則很容易發展成傳授者的武斷和接受者的依賴。這種情況一旦發生，師生之間都不免步向迷途，雙方都會失去見自本性的智慧。人類精神生活必須建立在自發性上，如果教師把所知轉化為權威，學生把尊敬轉變為對老師的依賴，那麼兩方面的自發性就會破壞。

師生的關係是「迷時師度，悟時自度」，是同時面對精神生活，而不是誰傳授給誰什麼。他們所共同遵行的是生活的真理，而不是彼此間締結的相屬關係。教育工作唯有建立在這樣一種清醒的基礎上，彼此才有醒覺可言，師生之間才有砥礪和啟發的作用。然而，事實擺在眼前，教師的權威性是很容易造成障礙的，它往往使倫理的精神生活，變成屈從的依順，以致自己做不得主，而喪失了主動提升精神生活的活力。

談到主動提升精神生活的自發性，又可能產生另一種障礙。因為自發性所引起的心理活動內容也許是慾望、傲慢、情緒等等，如果把這些心理內容視為自發性，那不就變成縱慾了嗎？因此，自發性的本質是什麼，如果沒有弄清楚，也有可能導致精神生活上的障礙。

最後，我們還要檢討這個問題：現代人由於科技的發展和商業文化的薰習，發展出來一套思想——價值中立論。大家相信價值的批判依據是事件本身的功能，只要是有效的就是有價值，符合利益的就是有價值，能解決問題的就是有價值。事實上，這樣的觀念是偏頗的。因為能符合今天的利益未必符合明日或更遠的未來利益；今天有效的做法明日未必有效；在這裡行得通的觀念，在另一個地方未必行得通。因此用工具性的價值觀做為精神生活的導向，就有可能造成危機。

精神世界和物質的功利世界是不一樣的，精神所追求的是完美和永恆，物質所建構的是功能和效益。如果我們把對付物質的觀念用在精神生活上，就造成了精神生活的物化，終究要脫離精神生活的軌道，產生焦慮與徬徨。精神生活如果不建立在不斷提升和良好的自發性上，使自己從煩惱和所知障中解脫出來，就不可能過著喜悅自在的生活，對人生抱持著光明的希望。

每一個人都需要有希望，都會表現出希望的期待，但是希望的內容如果是防衛性的，是希望擁有更多的財富和權勢來滿足自己貪婪無盡的匱乏心理，那麼這個無底洞式的病態，將永遠的黑暗。

基於以上的討論，人為了避免走上依賴權威，或者把語言當做教條，把功利當做終極價值，把慾望當希望，而使自己陷入迷失，一種維繫精神生活的法則是有必要的。

精神生活的「四依」

佛陀為了使弟子們在精神生活上能保持清醒，不斷的提升自己，得究竟智，證入精神法界，在《涅槃經》中詳細告誡弟子們要做到：

- 依法不依人。
- 依義不依語。
- 依智不依識。
- 依了義經不依不了義經。

這四個準則稱為「四依」，它是學佛者見如來本性、發大智慧、成就正等正覺的法門。現在分別討論如次。

依法不依人

精神生活是透過自己的醒覺、實現和解脫，從而得到圓滿，不是要自己去跟著別人走，東施效顰，而迷失了自己。或者把別人的能力和權勢予以誇張，然後屈從它、認同它，幻想自己具有同樣的榮耀，以減少孤獨與不安。結果自己成了隨聲附和的盲從者，成為迷途的羔羊。

從心理學的觀點來看，人類在心理上有著與生俱來的不安。如果能夠自我醒覺，實現自己的潛能，慈悲眾生，就能使自己的精神生活日益豐足、安定和喜悅。反之，如果不能去過實現的生活，去關愛別人，自己就會覺得孤寂、空虛和不安。不能過實現生活的人，為了逃避不安，可能產生兩種依賴的傾向：第一種是想統治別人或剝削別人，從而建立自己防衛性的安全感。第二種是乾脆放棄自己的獨立性，屈服於別人，逢迎一個有權威、有財勢、有聲望的人，為他效命，從而獲得一些肯定。於是這兩種人在精神生活上形成了共生關係。

所謂共生關係是一個人放棄追求清醒、獨立和實現生活的天職，改以依賴別人來維持其心理上的安全感。原則上依賴者以被別人引領、統治、懷抱和照顧來滿足自己；統治者則以吞併、包圍、擁有對方來滿足其心理。這兩種人都缺乏清醒的回應能力。

一個正常清醒的人，他的人格是健全的，是獨立自主的，他具有良好的直觀性，能把握真相，尊重生活的本然性和關聯性，因此他過的是創造性的生活。他能對生活做整體的體驗，除了對自己的能力、興趣和特質有清楚的認識外，對於自己置身的環境不但清楚而且能夠接納。他不會把有限的生活，擴張到無限的貪求。此外，由於他能尊重自己的生活，將自己的潛能作創造性的應用，從而使自己在情緒上、智力上和情感上能夠充分的成長而產生真正的獨立性和安全感。所以他是自由的、獨立的、清醒的。至於共生性格的依賴者，不但喪失了自發性、清醒和創造力，更嚴重的是他失去自我肯定的能力。

人類的精神生活必須建立在自由與獨立性上，人一旦在心理上產生依賴別人的習慣，就會失去清醒的能力，就要喪失獨立判斷的智慧，就要迷失自己的本真。因此在學習上不能一味依賴老師，在精神生活上更不能依賴權威。

在宗教的信仰上，更是要避免對人的依賴，因為這會導致對傳道者的個人崇拜，而忽略對學生的啟發，甚至造成教團之間的對立。在崇拜者與被崇拜者之間，是很容易形成共生現象，誘發出精神症候來的。

禪宗一直保持著「依法不依人」的活潑傳統。學生在老師處學了一段時間，一定要出去參學行腳。有時，學生在禪師的指導下遲遲不能開悟，禪師會把學生介紹到另一位禪師下參學。禪是很重視傳承的，但是他們的傳承是法而不是人。比如說，唐朝海山禪師把他的大弟子洞山介紹到雲巖禪師那裡參學，洞山因而悟道，後來洞山成為曹洞宗的開山祖師。又如黃禪師把他的弟子臨濟介紹到大愚禪師那裡參學，才使得臨濟悟道，後來創建了臨濟宗，其影響深遠。

在《涅槃經》裡，記載著佛陀對迦葉菩薩解釋「依法不依人」的另一個意義是：

依法者即是法性，依人者即是聲聞。
法性者即是如來，聲聞者即是有為。
如來者即是常性，有為者即是無常。

人若執著於有為法，就有了私心，就有了造作，就不能任運於無所住而生其心的至道。

依義不依語

佛陀所教誡的是要人充分的醒覺和智慧，而不是要人把經典背熟了，或者當做學術資料來思考。生活的智慧是現成的，無需記誦，無需強求，無需在字裡行間作意推敲。因此，在精神生活的訓練上是啟發人的智慧，而不是傳授知性的文字資料。如果在精神生活的傳遞上需要使用語言，也必須掌握「得義忘言，得魚忘筌」的原則。語言只不過是傳遞法義的工具，它的目的是要點醒自己。《涅槃經》上說：

義者名曰覺了，
覺了義者名不羸劣，
不羸劣者名曰滿足，
滿足義者名曰如來常住不變。

一個人從讀頌經典中發明心地，有了醒覺，自然有一種圓滿豐足的感覺，提升自己的精神生活，契會如來常住不變，那才是學佛者所應抱持的正確態度。

言語無論從描摹、比喻和邏輯等功能來看，它實在無法完全表達精神生活的本身。因為它是一種智慧，它是無名相、無體性、非現量非比量的。因此用語言來傳遞精神生活之道是有困難的，所以說「言語道斷」。

語言是一種知性化的邏輯系統，它可以透過思考而編織出完美的語義；但說者可能只是一種想像，而不能成為「說通即心通」那樣劍及履及。為了避免自己「口念心不行」，沒有真去實踐信、解、行、證的功夫，佛陀特地教誡佛門弟子，必須「依義不依語」。

義是不是指語言的涵義呢？當然，我們可以從語言文字中認識一些涵義，但是這些涵義只不過是知識，而不是已經透過自己的體驗和實證而產生的智慧。因此真正的義是內在的智慧，而不是文字上的認知。我們必須了解，知性化的知識（cerebration）並不一定能化為行動。為了避免知與行的疏離，生活習慣的養成，就成為佛家非常重視的日常功課，而且成為修行的重心。無論出家或在家的佛教徒，都必須從生活中實踐力行，養成即知即行的習慣。《六祖壇經》上說：

口說善語，心中不善，
空有定慧，定慧不等；
若心口俱善，內外一種，定慧即等。

精神生活的提升，最大的障礙就是知性化。許多人常常覺得情緒不好，很想改善情況，請教了許多醫生，還是沒有進展。從心理學的角度來看，憂鬱是一種不良的思想習慣，凡事總是從壞處去想，日子久了才衍生出消極性情緒，對生活壓力的承受能力漸漸削弱，而導致情緒上的困擾。事實上，對付憂鬱的最好方法是重新建立一個新的積極習慣。諸如多參加一些社交活動，調整作息和飲食，養成運動的習慣等等。這些建議必須透過適當的安排，然後徹底去執行才能克服其困境，但是有許多人只做了很短的時間就中斷了。顯然知性化的知識不能導致精神生活的改變和提升，只有透過心靈上的改變才能辦得到。這個改變是在心裡頭發現了新的「意義」，悟出自己精神生活的新取向，從而產生精進的活力。

但你會追問，怎樣才能發現新的意義？怎樣才能產生精進的動力？這在《華嚴經》裡頭一開始就說得很清楚：你必須去認識這個宇宙的本體，特別是在世主妙嚴品中所表現的宇宙精神法界，以及自己在這法界中的地位及互動情形。精神宇宙在影響我們的日常生活，日常生活也就是那精神宇宙的投射。人必須先提升自己的精神力量，不被物慾所牽，必須能做得了主人，必須行十善戒十惡，伏斷煩惱及所知二障，淨化心理生活，才可能接觸到意義豐富的法界。

豐富的意義不是追求來的，而是發現來的。凡是可以透過追求、累積和執著得來的東西，在精神法界上是沒有什麼意義的。如果有，那也只不過是貧乏或低層的意義。我們必須了解，慾望的追求和虛榮的貪執，往往是從語言中增強得來；如果我們把對虛榮讚美之語剔除，那些低層次的意義即刻消失。豐富意義的本身，無關於是否有多少成就，而在於一個人的心，一顆光明的智慧所表現出來的生活，所以是「不可思議，不可執持，不可繫縛而亦可見。」

依智不依識

人類的意識活動，無論是理性的思維或者非理性的情感與情緒運作，都是個人與環境互動作用的產物，在佛學上稱為「因緣所生法」。這些因緣所生的意識體，構成了我相之外，更是累積了許多解決問題的經驗。我們必須了解一個事實，我相（自我意識）和經驗並不可靠，因為它們是生活適應的產物，而不是適應生活的智慧；但精神生活所依賴的是智慧而不是意識。

智慧即是「如來」、「實相」、「法性」。根據《大智度論》所述，諸法有二種：一者各各相，二者實相。所謂各各相就是意識活動所分辨出來的，而分辨的憑藉是意識，是過去的種種經驗。所謂實相就是所謂的理體，它是一種「形式」（form），一種適應的可能性，它沒有成見，沒有是與非的執著，沒有我相的染執，它是空性的，所以就是如如。在《妙法蓮華經》中說：「唯佛與佛乃能究盡諸法實相，所謂諸法如是相、如是性、如是體、如是力、如是作、如是因、如是緣、如是果、如是報、如是本末究竟等。」當我們以一種空性的智慧去生活時，我們生活在本來面目裡，所以就是如來。

我們的生活如果受因緣法所生的意識觀念支配，就會有許多的煩惱和障礙。因為意識本身很容易出錯，它脫離不了過去的經驗，不能作如實的認知和判斷，人類所有的創造都是對過去觀念的一種革新，而不是對過去知識的詮釋。意識的活動也許有助於智慧的增長，但是智慧是否能大放光明，則必須把意識放下（寂滅）。因緣法充其量只是知識，而如如空性就是我們的創造力；因緣法是世諦，創造力的慧性就是涅槃。兩者雖不可分，但是只有智慧才是我們生活之所依賴的「實相」。

人格是意識活動的主體，如果人格發展不健全，對於認知可能產生影響。比如說一個疏離性格的人，無法真正經驗到人際關係的正確意義。一個自戀（narcissism）者對於慈悲的體驗和了解，也往往不同於正常人。人格不同，對事物的了解不同，所以我們不能依賴由人格所發出來的意識活動，而應依賴智慧。

意識受到我相、人相、眾生相和壽者相的影響，容易導致分別識，產生相取（對色相的執著）和見取（產生成見、偏見和邪見），從而導致無明和煩惱，所以要「依智不依識」。智是一種解決問題的能力，是沒有色相、是沒有特定性狀的；它是一種空性，是如如的實性。故《涅槃經》上說：

依智不依識者，
所言智者即是如來。

依了義不依不了義

關於什麼叫做了義，在本書第二章及第四章中已經有過詳細的討論。了義是指轉識成智，把業力實現成為菩薩行，以濟度眾生，行大慈大悲。一方面淨化了無量劫以來薰染的業力，一方面成就精神生活。淨化是培養智慧的歷程，精神生活是成就功德的基礎。兩者同時實現，即可證入如來，這就是了義。所以《涅槃經》上說：

了義者名菩薩，
真實智慧隨於自心，
無礙大智猶如大人，
無所不知，是名了義。

相反的，如果以色相為生活之所依，就會執著造業，帶來苦果。一個人經常被五慾所牽，勞頓憔悴是不可免的；潛能不得實現，抑鬱是不可免的；有了成就不能與別人共享，孤單蒼茫也是不可免的。因此，住色與住相是不可依止的。反之，如果把一切色相，視為虛無、無常，從生住異滅的觀點去看，產生空相，而生遁世的聲聞乘，那麼消極的無記空，將造成智慧的斷滅和破壞精神生活的不斷提升，所以不能成就大乘了義的圓滿精神法界。故《涅槃經》上說：

不了義者謂聲聞乘。

聲聞乘者猶如初耕未得果實。

因為聲聞乘並沒有依其根性因緣過實現的生活，轉識成智，慈航普度，反而以逃避的態度，追求遁世離苦。

大乘了義不像聲聞乘那樣只求逃避現實的苦，而是積極的去面對生活，去呵護眾生，去發展自己的能力，讓自己生活得更光明更成功。實現的生活使自己產生滿足感，它能夠帶動慈悲的情操，自利利人，使精神生活不斷成長。更重要的是，他把自己的業力，透過實現的生活，轉識成智，化為福德，布施給眾生。實踐大乘菩薩行可以把薰習的業力從潛意識中解放出來，使自己真正的淨化，而證入正等正覺。所以大乘菩薩行是圓滿的，是了義經。佛陀說：「了義者名為知足，終不詐現威儀清白、憍慢自高、貪求利養，亦於如來隨宜方便所說法中不生執著，是名了義。若能住如是等中，當知是人則為已得住第一義，是故名為依了義經。」顯然，了義是人類精神生活的最終出路。人類唯有根據了義經去生活，才可能活得有意義。

以上佛陀所指示的「四依」法門，無非是為了維護人類精神生活的自發性，促進智慧的開展，引導人類過實現的生活，從而享有豐足喜悅的人生。它是佛法的重心，是實踐精神生活之準則，透過它才能孕育創造性的生活，長保如如慧性；也唯有透過它才有所謂的中觀的生活智慧。

中觀的生活智慧

精神生活是一個現實的問題，我們不可能以望梅止渴的方式來處理它，必須有一套實際的方法，破除心理的障礙，才能生活得健康圓滿。佛陀在《涅槃經》中已明確地揭示了「四依」法則；這四個法則無非是要引導一個人充分的醒覺，不再以「應該」

的強迫性執著和無盡的慾求，想像自己的優越性，以致生活在一個虛幻的掙扎之中。從心理學的觀點來看，對人類精神生活最大的威脅就是自我理想化，從而建立一套自負自大的系統；透過「永恆的人生」的幻覺，把有限視為無限，把幻想視為真實，把強求視為生命的真理。結果自發性的生活變成強迫性的生活，理想的我和現實的我發生衝突，而心靈上的痛苦不斷的折磨自己。

為了擺脫這些心靈的苦難，佛陀告訴弟子一定要透過醒覺的功夫，才能讓自性般若所發出來的光明性，照亮自己的人生。醒覺是一種空的心理運作過程，透過「觀空」的方法，把不真實的東西放下，讓自己生活在如實裡頭。這樣就是空觀，也是一種實觀。這種觀入空而悟入實的方法，到了龍樹菩薩時代（約佛陀滅後六百年），發展出的一套辯證邏輯，那就是《中觀論》。

龍樹的《中觀論》主要在於辯破一切有為法。這是一本描述本體界的邏輯，而不是描述現象界的邏輯。它的宗旨是為遮撥現象並顯示「本體的空性」。這套中觀的思想，經過以後中觀論師的發展，把《般若經》和《成唯識論》吸收進去，發展出完整的中觀理論，真正詮釋了佛陀所揭示的光潔的心靈。

中觀論中共有二十七品，每一品都在辯破一個特有的命題。他所用的邏輯通常是兩難式的；他以肯定來否定否定，又以否定來否定肯定，再從相對的不存在來體察一切現象界的「非實在性」。依他的看法，只要我們能勘破對現象的執著，就能顯現「空性的般若智」（智慧是沒有性狀的）。因此，他注重在破相，而不注重詮釋真如，因為真如是不可言傳的（空性），連所謂光潔的心靈的敘述都是多餘的旁白。

中觀的宗旨就是要空掉一切幻象，要我們生活得落實，沒有虛幻，沒有貪瞋癡三毒的戕害，沒有對立和孤立不安的痛苦，沒有茫然空虛的鬱悶，沒有神經質的心理反應。龍樹是要透過中觀把真諦（勝義）和俗諦（喜根）完全的調和。在這裡與其說是調和，不如說讓兩者不被分解，因為兩者本來是同時存在的，是不二的。中觀就是要我們找到這不二的如如自在的生活，即使是淫欲和恚癡也都是道之所在。現在我們先來看一段由龍樹菩薩所評論的故事：

很久很久以前，在師子音王佛的時代，據說眾生的壽命是十萬億那由他歲，在那個千光明國裡，各種樹都是由珠寶之類所構成，樹上自然會發出空、無相、無作、不生、不滅、無所有的啟示之聲。眾生聽了，都能了了明白。參加師子音王佛初會說法的人有九十九億個菩薩，都得到精神生活的最高三昧——無生法忍。

師子音王佛於其化終即入無餘涅槃。他的法住六萬歲就終止了，這時樹上發出的法音也一起停止了。從那時起，人們都不能浸潤於那「音聲即佛」之教了。

就在這時候，有兩位比丘出世，一名叫喜根，一名叫勝義。喜根法師容儀質直，不放棄世間生活，又不執著善惡或裁量別人的長短，所以弟子們聰明樂法，又好聽深義。喜根法師並不讚美少欲知足，不讚美戒行頭陀，一味談說清淨實相。他說，眾弟子啊！一切諸法，淫欲相、瞋恚相、愚癡相，都是法相，這就是實相而無所罣礙。弟子們也因為老師的教導而能以平等相入智。當時弟子們都無瞋沒有悔心；因為沒有悔心，故得生忍；因得生忍，所以也就得了法忍。既然得了這個生、法二忍，所以在實法中，其心不動有如巨山，所以也得了無生忍。

勝義法師是持戒清淨的人。相傳他常行十二頭陀苦行，而得了四禪四無色定。但是他門下的弟子，都是頓根，又都始終分別思惟淨與不淨而加以品評，所以他們的心是轉動無常的。

有一天，勝義法師到了鄉村，借宿在一個人家，一如往常讚說持戒，教人以少欲知足，談論應該常做頭陀苦行。又因為不知這一家的主人是喜根法師的弟子，所以就毀呰喜根起來。他說喜根是邪見雜行的人，絕不是純清清淨的人。默然聽著法師之教的主人開口了。他說：
「大德！是淫欲法名何等相？」
勝義說：
「淫欲是煩惱相。」
主人說：
「淫欲煩惱是在內呢？或者在外？」
勝義說：
「淫欲煩惱不在內，不在外。若在內，不得待外在的因緣而生；若在外，與我無關，不得煩惱。」
主人說：
「淫欲若不在內不在外，不是來自東西南北四維上下，遍求實相不可得。是法，不生不滅，無生滅相，空，無所有，怎麼會有煩惱呢？」
勝義法師聽完了這段話，心裡大不高興，然而又不能答覆主人所說，於是拂座而起說：「唉！喜根這傢伙！多誑眾，人執著於邪道之中。」
龍樹記這段話到這裡，加以評語說：「這個勝義菩薩還不知道音聲陀羅尼（總持的奧義）呢！聽到佛所說的就歡喜，聽到外道的話就瞋恚。聽了三不善他就不高興，聽了三善他就大喜。聽人說生死他就憂，聽人說涅槃他就喜。」

這樣的勝義法師，為了那位主人的話，大動其瞋恚之火，立刻回到自己的精舍，召集他的弟子，用了最壞的話罵喜根。聽到這個消息的喜根法師，你說他會怎麼樣呢？他說：「唉！他是一個可憐的人，他因為大瞋恚而將墮於大罪了。」他又說，此刻我非要為後世的人們，說個甚深之法不可，於是照樣集合了眾僧，示之以淫欲即是道的偈子：

淫欲即是道，恚癡亦如是，如此三事中，無量諸佛道。
若有人分別，淫怒癡及道，是人去佛遠，譬如天與地。
道及淫怒癡，是一法平等，若人聞怖畏，去佛道甚遠。
淫法不生滅，不能會心惱，若人計吾我，淫將入惡道。
見有為法異，是不離有無，以知有無等，超勝成佛道。

相傳當時三萬眾弟子，聽了這篇偈子之後，都體會了無生忍。

這個故事很清晰生動地說明了一個心理學上的問題：當心理動能被冠以善惡，而心生執著的時候，即刻產生壓抑和扭曲，它會造成精神生活上的疾病。在這則故事中，淫欲可以解釋為「性的生活」，它本身沒有好或壞，只要我們作適當的調理，有了正確的性知識，它本身即是生活的常道。如果我們忌諱它，故意說它是邪惡的或可恥的，或者把它和心理防衛投射出來的意念相結合，產生一種補償性、造作性、攻擊性、虐待性或倒錯性的性行為，那麼淫欲就會變成邪惡了。

人類的精神生活本來是自在的，只有在起了分別、有了比較和造作之後，才開始執著對立，才有了種種的煩惱和困擾。精神生活的陷阱就是造作和執著，以下幾種現象正說明了人類精神的困擾：

- 探求榮譽和優越的我相，被邪惡的虛幻所誘惑，從而否定了真正的自己。心理學家何妮說：通向無限的尊榮的捷徑，必也通往苦難的心牢。
- 用強烈的道德善惡觀念對生活百般挑剔，將導致生活的無能和心理症狀。所以佛洛伊德說：何處有本能，何處就要有清醒的自我。
- 追求一種特權和被別人尊敬及羨慕的巨大需要，在意念中建立一種不真實的權利欲，產生自我中心，寄望更多的囤積，造成強烈的自我防衛反應。

●不能認清生活的極限，把有限的生命和能力視為無盡的永恆，形成焦慮、矛盾和不能自我接受。

這些現象都是因為不能看清事實的真相而起的。龍樹菩薩知道如果我們把一切現象界視為無常和空，那麼等於否定了自己。如果我們把無常的現象視為永恆，接受它的誘惑，產生執著，精神生活將永遠的痛苦，無從解脫。而龍樹菩薩的辯破一切因緣色相和時間，則等於要我們不要攀緣一切依賴，自食其力地站起來去生活，使自己成為一個豐足自在的金剛，那就是中義，也是中觀的奧義。他說：

諸佛依二諦，為眾生說法，
一以世俗諦，二第一義諦，
若人不能知，分別於二諦，
則於深佛法，不知真實義。

從心理學來看中觀的論釋，它顯然是一種點醒夢中人的微妙法門。把《中觀論》中的論證加以歸納，我們不難發現無論他所要辯破的是因果、色相、時間、變化、語言等等，其積極性的結論都不超過《中觀論》一書中開宗明義的一段話：

不生亦不滅，不常亦不斷，
不一亦不異，不來亦不去；
能說是因緣，善滅諸戲論，
我稽首禮拜，諸說中第一。

接著我們從八不來討論心智活動和精神生活的關係。

不生亦不滅

中觀的真正涵義就是「無生」，如如實實的態度，篤篤當當地生活，一種沒有造作、沒有扭曲和沒有防衛性的生活方式。禪家稱這種生活方式叫平常，也就是所謂的心靈自由，因為這種生活方式是透過真我的自發性發展開來的。

不生亦不滅就是真我的第一個特質，這是一個人最真實的實現與生活。所謂不生不滅是指完全的了解自己，接納自己，了解自己的環境，接納自己的處境，把自己的潛能（業力）發展開來，透過轉識成智，把業力化為實現的生活。實現的生活是對自己不生一點虛幻，不生造作之心，不生不合理的抱負，不生違反精神生活繼續成長的防衛性心理機制，那就是如如實實的生活。另一方面就是不滅，這是指不壓抑自我的功能，不貶損及扭曲人性的光明面，不逃避生活上的挫折和困難，不否定自己的有限性，不掩飾自己的過錯。

許多人把不生不滅誤解為不受生也不消滅，認為就是不生不滅的涅槃；殊不知涅槃就是如如實實的生活，涅槃不在外，不在內，不在過去，不在未來，而在這當下的不生不滅的生活態度之中。在《六祖壇經》上說：

波羅蜜即到彼岸，解義離生滅；
著境生滅起，如水有波浪，即名為此岸，
離境無生滅，如水常流通，即名為彼岸，
故號波羅蜜。

著境是指一個人被境界所迷，被物慾所惑，被色相所欺，而生起了貪、瞋、癡，生起了種種心機。所以有了無盡的造作和逃避，帶來更多的煩惱；所以心中就有了波濤洶湧的念頭、苦惱和情緒上的困擾。禪宗六祖慧能稱它叫愚迷的此岸。反之，如果不被境界所迷，就沒有生滅之心，心中自然平淨，如水常流通，生活在活潑無羈、有創造性的情境裡。

人總是拿自己與別人比較，或者拿別人跟另一個人比較時，才產生了羨慕或鄙視的心態。事實上，人生是不能比較的，因為每一個人根性因緣都不相同，只要有了比較就會羨慕他人而否定自己，或者鄙視別人而造成自大。我們的社會之所以是非紛擾，是由於比較，是由於大家都在起生滅心。絕大部分的人，不問自己的興趣、能力和努力，只是一味跟別人比較，別人有的自己一定也想要有；許多人甚至犧牲生活，去追求一個比別人強的虛幻。而那個虛幻的背後，就是一個生滅起伏的意念。

其實每一個人都是尊貴的，每一個人都有他的潛能，把自己的潛能實現出來就是獨一無二，就是尊貴。可是人們並不自知自己就是一尊富貴的佛，卻要往外頭去尋覓虛幻的榮華。

禪宗教人見自本性，就是要透過不生不滅的功夫才可能辦得到。唐朝的馬祖，就是一個很有技巧的大禪師。他以很簡短的啟發，引導學生大珠洞見如如自性。當他第一次見到大珠時，馬祖便問他：

「從那裡來、來做什麼？」

大珠回答說：

「我是越州大雲寺來的，是為了求做佛。」

馬祖便告訴他說：

「我這裡什麼也沒有，更沒有佛法可求，你放棄自己的寶藏不顧，到處亂跑又有什麼用呢？」

大珠於是問馬祖：

「什麼是自己的寶藏？」

馬祖就告訴他說：

「現在問我的這個人就是你自己的寶藏。他一切具足，沒有欠缺，運用起來非常自在，何必向外追求呢？」

馬祖的這段話點醒了大珠，他立刻洞見如如自性。大珠是在頓悟中自見本性，而這個自性，只有在不生不滅的情況下，接納它，運用它，自然一切自在、活潑的顯現。

其實，無論你的能力是上智的或是下愚的，只要不與別人比較，就照那個下愚或上智去生活。愚者有愚者的實現生活，智者有智者的實現方式。同是實現，一般光明，一般喜悅，所以是平等的。

馬祖有一次對他的弟子說，那個不了解佛經的心就是佛。他赤裸裸地告訴學生，成佛與你了不了解經典無關，而是你能否如實地去過實現的生活。用現代人的生活情境來說，成佛跟你的智能、學歷、工作、事業的大小都沒有關係，真正的關鍵是你是否熄滅了生滅之心，放下跟別人比較的著相態度。

有了好惡才會有生滅心，有了高下的觀念才會有生滅心，有了彼此的對立才有生滅心。更進一步的說，不起生滅心就沒有貪，不起生滅心就沒有瞋，不起生滅心就沒有愚癡。所以龍樹菩薩要教世人破一切相，要從許多虛幻的相執中解脫出來，過實現的生活。

不常亦不斷

我們生活世界的種種現象都是變化的，是生、住、異、滅的活動歷程。變易成為生命的特質、心理的特質、生物學上的特質，同時也是社會文化和歷史的特質。

人生長在一個變動的情境裡頭，要不斷面對層出不窮的新問題。舊知識解答的是過去的困境，不足以應付新的事端。因此，處於一個變動的世界裡，一切都是無常的。如果你想找一些恆常不變的知識、技術、財產和權勢作為生活的依賴，顯然是有困難的。所以值得信賴的是智慧，是一顆光潔而具創造力的心靈，只有那屬於空性、無所有、無相、無造作的智慧，才能解除你的困境，所以叫做「不常」。

環境不斷地對人類挑戰，每個人隨時隨地都要應付一些困難。有些難題是可以克服的，有些難題則對人類構成很大的威脅；例如旱災、洪水、颶風等等，甚至於毒蛇猛獸等等，都會對生活帶來不安與威脅。於是在心理上產生了兩種截然不同的生活態度：第一種是面對現實，認清處境，讓自己充分地生活在醒覺心境下，不斷精進，用光明的心智去克服困難，接納挑戰，忍受困境。在光明心智的引導下，理性更發達，一種健康的情緒和剛健的氣質充沛在生活之中。他們知道物慾是阻礙人類精神成長的障礙，享受使一個人安於現狀而喪失了成長的能力，於是一種高級精神倫理誕生了。它促進一個人心智的成長、身心的健康和愉快的活力，而這個不斷提升自己和發揮清醒智慧的大道，就成為佛性的常性。《維摩詰經》上說：

觀於無常而不厭善本。

《六祖壇經》上更說：

吾說無常，正是佛說真常之道也。

當一個人能面對一個無常的事實，清醒地覺悟到自己的處境，就能發揮他的潛能，發展他的智慧。心理學家弗洛姆認為：人必須負起自己的責任，並坦誠只有發揮自己的慧性才能使生命富有意義。除非人類藉著發揮他的潛能，去過創造性的生活，否則他就要步上精神生活的困局。

第二種精神生活的取向是逃避現實（斷），由於自己不敢面對「無常」的生活，對於各種挑戰，產生不安與畏懼，最後那些焦慮和緊張，在潛意識裡產生了心病。他們開始想像一位強而有力的神，一位可以完全呵護他的主宰，然後向他膜拜與求助。逃避者不願清楚地了解自己的處境，他們迫切的需要得到保護，在心理上反應著一種渴求——希望一個永恆不變的歸宿。他們投向虛幻的世界，而這個虛幻的世界則被自己認定為一個實在的、可以依賴的避難所。迷信是從虛幻中建立起來的，它是精神生活的萎縮，是自心無是能感的投射。這條路是反倫理的，是墮落的，是精神生活的死胡衕，那就是「斷」了。逃避或斷是精神疾病的根源。

小乘佛教帶有消極的傾向，他們只求離苦得樂，以自求寂滅的方式獲得解脫，充其量只是一個厭世的自了漢，而不是透過實現，「己立立人」的大乘菩薩精神。不過小乘佛教還是十法界中的聲聞緣覺，他們雖然不及大乘菩薩的恢宏氣度，但畢竟還保留了一分自立的精神力量。不過，由於小乘教只求寂滅，如果不接著發揮菩薩行，也免不了要走上「斷」的路子。

大乘佛法所重視的是中觀的智慧，不是走向一個絕對的常道，也不走向絕對的「斷」，而是在兩者中間找出一條落實的精神生活。生活要由智慧的空性來發明心地，如果執有一法來執著，就會發生常與斷兩種心態的矛盾。《中觀論》上說：

> 定有則著常，
> 定無則著斷，
> 是故有智者，

不應著有無。

佛陀所傳的教化就是要我們以智慧來生活，因為教條化的結果使人變得刻板；但如果什麼都不要，則造成斷滅而迷失。

不一亦不異

人類的精神生活是否提升到圓滿自在的法界，還有一個命題殊值討論，那就是人類的個性與通性問題。這是哲學家最關注的「存在」問題之一。它是個人與團體的問題，個別的文化現象對全部文化發展的問題。如果我們套用哲學家柏拉圖（Plato, 427-347 B.C.）的用語，那就是「一與多」（the one and the many）的問題。

每一個人的本質究竟是相同的呢？或者彼此相異的呢？如果人類畢竟有一個共性，那麼彼此不同的異相該怎麼辨？如果人類本來就各不相同，那麼又為什麼每個人都可以成佛呢？

從心理學的觀點看，人類既是在追求一致性，又同時在追求特異性。追求一致性是為了滿足安全感的需要，追求個別化的特異性是為了滿足自我肯定及自由的需要。這兩種同時存在的傾向，造成了同化和個別化的矛盾。人必須與別人分享共同的理念、文化和習俗，否則他就會變成異數。若他必須犧牲自己的自由來迎合共同的文化現象，這時他又覺得受到了限制。我們的精神生活和社會適應就在這一與異之間搖擺、矛盾和衝突。

人的先天就有著一種孤立感，當他成為一個獨立的個體時，他便覺得孑然孤立面對著一個充滿危險的世界。於是他想要放棄其獨立的衝動，想把自己變得跟別人一樣，藉以克服孤獨。這種求同一的傾向，在意識上可能得到安全的滿足，但在潛意識裡，他所付出的代價是放棄自己的特質和完整性。因此服從同一整體的結果與當初想要服從的目的正好相反，於是人就產生了反抗，而反抗的對象，又往往就是那個投靠的共同體。這種矛盾就是一個人求個別化與社會化過程中的基本現象，許多人在人際關係上有著適應的困擾，是從這裡衍生出來的。

如果我們害怕孤立而投向一個權威或巨大的力量，人格上的「自我」（ego）功能就得不到充分的發展，同時演成了集權式的生活態度：堅持紀律，反對不同的意見，看不慣不同的生活形態。他們可能成為統治者或被統治者的性格，在他們的心中，不同的意見和生活適應方式就是一種威脅。另一方面，如果把自己孤立起來，生活必將與人格格不入，造成自閉式的生活，內心充滿著無助與不安。

於是，我們可以確定心理學家弗洛姆所謂自發活動，是人類超越前述個人化與社會化矛盾的困境。這個活動不是建立在依賴和自我的固著上，而是讓自己更自由。一方面發展了自我功能，能用他的智慧去突破那僵化的人我關係，同時也因為自己發展出來較好的安全感和智慧，而能肯定自己並能接納別人，容忍別人，從而與別人建立和諧的人際關係，又能保持自己的獨立。這個自發活動的基本條件是放下我相的執著。《中觀論》上說：

若人說有我，
諸法各異相，
當知如是人，
不得佛法味。

人既不是生活在自我中心的「各異」裡頭，也不是生活在臣服於別人而否定自己的「同一」當中，而是生活在慧性裡頭，超越了同與異的矛盾，使人格的成長得以統整圓滿。

自我中心的人，往往有強烈的侵略性；隨聲附和別人的人，則往往失掉了自己的肯定性。兩者的人際關係都是困擾的，都會導致生活適應的困難，產生諸多情緒上的紛亂。因此，只有發展慧性，才能在「一與異」之間發現調和的中道，所以龍樹菩薩要提出「不一亦不異」的中觀法門。

不來亦不去

在我們的生活中，時間一直是「存在」的重要因素。人必然要把自己劃分為過去、現在和未來，用時間來範定它的變化和生活現象。於是開始考慮到過去是否直接影響現在，而現在又影響著未來。倘若過去、現在和未來是一個緊密連鎖的永恆，那麼我們是要被命運所定，聽任其擺布，而百般無奈。如果這是事實，那麼人類的生命就了無生機，不具任何實質意義了。相反的，如果過去、現在和未來三者並沒有關係，那麼就可以擺脫過去，放手努力，而有所作為了。但是，既然過去、現在和未來彼此無關，那麼現在的努力又怎麼可能有著未來的豐收呢？

龍樹菩薩在中觀論中把過「去」和未「來」這兩個假相辯破了，他指出人類的生活既不是生活在過去，也不是生活在未來，而是要生活在現在的當下。也就是說，當我們能落實地生活在生活之中，不被過去所縛，不被未來所牽；過去不是為了現在，現在也不是為了將來。過去、現在和未來對於生活而言都是生活的本身。

當我們不把時間看成互不相干的過去、現在和未來時，我們的生活才不會被時間隔離、分裂成支離破碎的片斷，我們的人格才可能統一。過去的經驗和知識同時具有現在及未來的現象和功用，而現在的思考和言行舉止，也必然牽動過去和未來。所以時間不是過去、現在和未來的劃分問題，而是一個永恆的生命現象，它是同一的。《金剛經》上說：

如來說諸心皆為非心，
是名為心。
所以者何？須菩提！
過去心不可得，
現在心不可得，
未來心不可得。

這段經文是佛陀對弟子須菩提，解說如來所說的心是超越時間的「存在」，它即是永恆的如來藏。因此不是用對立的時間觀念來分別，而是透過永恆生命之流的真心來統整。因此真心是不可以劃為過去心、現在心和未來心來掌握的。如果把它肢解成過去、現在和未來，那就是一種虛幻的心。

人不能生活在對過去的記憶。惦記過去表示創造力已經衰竭，僅以過去的知識經驗處理問題，而不用前瞻性的創造力，就不可能適應需要，解決現在所面對的困難。當然，一個人也不可能放棄過去的經驗而能產生現在的判斷和未來的憧憬。

當我們體認到時間的原貌時，我們才能體會到生命的永恆，同時也建立起一個新的希望。因為我們可能透過現在的努力修行，改變自己的精神生活，證入永恆的精神法界。

在這一章裡，我們討論了生活的智慧，透過四依的準則去實踐精神生活的倫理，這樣才能把一切有為法勘破，真正獲得解脫，大死一番再活現成，證入了義。同時要透過八不，讓自己契入如如實實的生活，去實現自己的人生；更依自己的根性因緣去成就圓滿的精神法界，把勝義和喜根完全融會於中道。能夠這樣，生活即是修行，此時此地就是精神法界。

陸

信仰與實踐

佛法

信為道元功德母，
增長一切諸善法，
除滅一切諸疑惑，
示現開發無上道。

——《華嚴經》

釋義

堅固的信心和正確的信仰
是光明的人生之根本，
它能幫助我們孕育種種智慧，
啟發種種善行，
消除種種人生的疑惑，
為我們指引一條
無上光明的人生之路。

從心理學的觀點來探討唯識學、華嚴宗哲學和般若法門的經典，很容易發現佛學有兩大系統：其一是唯識門的轉識成智，另為般若門的蕩相遣執以見自本性。這兩者是分不開的，是互補的，兩者的共同目標就是醒覺與生活的實現——大乘菩薩行。

本書從一開始討論我相，繼而闡明阿賴耶的潛意識業力，再敘述轉識成智化為實現的生活，把實現的功德布施給眾生，實踐「無緣大慈，同體大悲」的倫理，並淨化自己，見本性，最後證入精神法界，成就正等正覺。全部精神生活的提升過程，奠基於自我醒覺，它既是佛教的根本義，也是心理學、倫理學乃至人生哲學的最終旨趣。

佛教的教理已敘明如上，現在要把這些教理帶到信仰和實踐層面上，做一個即知即行的融會。把信、解、行、證四個部分完全的落實起來——念佛。因為學佛的目的就是要成佛，要成佛而不念佛，不心心繫念著佛是不可能有成就的。

念佛是佛教各宗門共同的修行法門。倓虛大師在其著《念佛論》一書中說：「中國佛教在自然的趨勢中，經後人分成若干宗派，如天台宗、賢首宗、法相宗（亦稱慈恩宗或唯識宗）、淨土宗、真言宗、禪宗、律宗等等。這都是後人為了傳承的關係和學習的專門，才建立起來的。在這些宗派之中，其他宗派都是單純的，唯淨土和律宗，其行持和教義，滲入了其他各宗，為其他各宗所共有，而又為佛的七眾弟子所共學。

例如天台宗、賢首宗、三論宗、法相宗等各宗判教不同，各宗修的觀亦異，但是總括起來說，他們都承認以修淨土為最方便，即使是禪宗也要參『念佛是誰』（作者按：事實上，據《傳法寶紀》記載，禪宗第五祖弘忍即教人「念佛淨心」，到了永明延壽則倡導禪與念佛雙修）。無論出家在家，無論學佛動機如何，學佛的唯一目標，不外念佛成佛。同時在這念佛成佛的過程中，又要共同遵守佛的清淨律。例如中國南北各大叢林，無論其是某一宗或某一派，在兩次上殿繞佛的時候，都是念『南無阿彌陀佛』，開口說話應答也是念『南無阿彌陀佛』。當然其最終目的，不外是生西方極樂世界見佛成佛。由此可以想見念佛法門，是多麼的方便而又普遍。」

念佛有多種的功用：

- 念佛能讓自己入於定慧，體驗般舟三昧的豐富意義和法喜。
- 一心念佛即入諸佛法界，身受薰陶，意受默化，口得清淨，所以心中有淨土法界，法界在心中。
- 念諸佛的功德福德，做為自己修行的典範，等同佛力加被。
- 一念具足三千，表現為實現的生活，行「無緣大慈，同體大悲」之大乘菩薩法門，以證入清淨平等莊嚴法界。

●念佛為一光明圓滿的信仰，它使我們豐足自在，生活充滿著意義與朝氣。

●念佛總攝信、願、行，成就正等正覺。

念佛可以給我們一個永遠光明的方向，對於人生而言，就好像我們需要有旅行目標一樣。在這一生中維持著一個莊嚴光明的目標。我們念「南無阿彌陀佛」這幾個字的意思是：皈依無量光明的正等正覺。一句佛號具足表法和表義兩層涵義；法是法界的淨土佛國，義是念佛者自我提升精神生活的實踐內涵，兩方面的結合就是不二法門。

念佛不是在求佛，而是念茲在茲的念，念茲在茲的願，和念茲在茲的行，而不是求佛來幫助自己獲得自己的慾念和造作。佛陀在《金剛經》上說：

若以色身見我，
以音聲求我，
是人行邪道，
不能見如來。

所指的就是這個意思。禪宗第四祖道信禪師教人心心念佛，五祖弘忍教人以念佛名為方便。從念佛名以引入淨心，終於念佛成佛。

佛教重視自力解脫，人只有靠自己才能解脫自己的束縛、煩惱和種種業力的束縛。佛陀的教化，就是幫助我們自我解脫，即使念佛帶業往生阿彌陀佛的極樂世界，在那裡還是要靠自力才能真正的解脫，真正成就正等正覺的佛。

現代人的精神生活是多苦多難的，特別是在自由經濟的生活方式下，慾望不斷的被增強，物慾的佔有和聲色的享受，成為共同的價值觀念，精神生活是匱乏的。雖然在物質和科技文明上有了許多成就，但是我們的潛意識裡卻充滿饑餓感和不安，因而產生強烈的貪婪和競爭。這已經不是少數人的精神生活問題，而是大多數人的困擾。更嚴重的是普遍藉著物慾來填補精神生活的空虛，以至精神生活完全的物慾化，內心深處則永遠處於蒼白的虛脫。這種精神上的虛脫，已形成了心理生活上的「地獄」、「畜生」、「餓鬼」和面目猙獰好鬥的「阿修羅」。這是值得現代人警惕的。

我們的犯罪率不斷的提升，離婚率節節昇高，而社會又充滿著緊張、不安和強烈的敵意，所以身心症、心理症和精神病患的人口都在不斷增加。身為一個現代人，如果也是用同樣的價值觀念去生活，就免不了要生活在富裕的苦海之中。

人必須有一個好的信仰，才有圓滿的精神生活。佛教的信仰建立在信、解、行、證上面，而以自我的醒覺為出發，落實在實現的生活上，發展為精神的法界，而歸宗於念佛。念佛提醒自己時時刻刻實踐佛法，實踐佛法等同念佛。所以念佛時的口念心行就變得非常重要了。

念佛更能引導一個人精神生活的方向，有了念佛才知道自己離開人間時往生何處。在倓虛大師《念佛論》中引用了隋朝智者大師《淨土十疑論引證》說：「過去無著、世親和師子覺三位菩薩，當初志同道合，同發願修唯識觀，生兜率內院見彌勒菩薩。言明誰先去時，到那裡再回來報訊。後來師子覺先圓寂，一去三年不見回來報訊。過了三年後，世親也圓寂，當他臨命終時，無著告訴他說：『你到天上見彌勒之後，無論如何，要回來報個訊。』

「世親去後，過了三年才回來，無著問他為什麼過了這麼多時才回來？世親說：『我到兜率內院，聽彌勒菩薩一座法，拜了三拜，繞了一個圈子就回來了。因為那裡日夜長，不多會兒功夫，在人間就過了三年。』

「無著又問他：『師子覺現在何處？為什麼不回來報訊？』世親說：『他生天經過兜率外院，還沒有到內院去，就被五欲所纏，到現在還沒有見到彌勒哩！』

「無著聽說之後，知道生天很危險，於是重新發願，透過念佛和實踐大乘菩薩行，願生極樂淨土。」

這個故事是很發人深省的。學佛者的信心、願力和行持是像金剛一樣的通往了精神生活的極樂淨土。他們在世出世間法不二中念佛，在福慧雙修中念佛，在定慧等持中念佛，在順逆不二中念佛，在實現的生活中念佛，在實踐「無緣大慈，同體大悲」中念佛，在行大乘菩薩行中念佛。如是即知即行的念佛而成就正覺，入一真法界，住常寂光淨土。故云：

依梵網經心，
行入華嚴不思議解脫境界，
安住彌陀寂光淨土。

念佛者天天心繫著佛，從而契入般舟三昧（念佛定），與佛相應，信、解、行、證都與自我醒覺相合。這樣就能淨化一切塵沙、見思、無明的障礙，發光明智慧，成就圓滿的精神生活，終能證入法界寂光淨土。